CANALETTO

Filippo Pedrocco

SOMMARIO

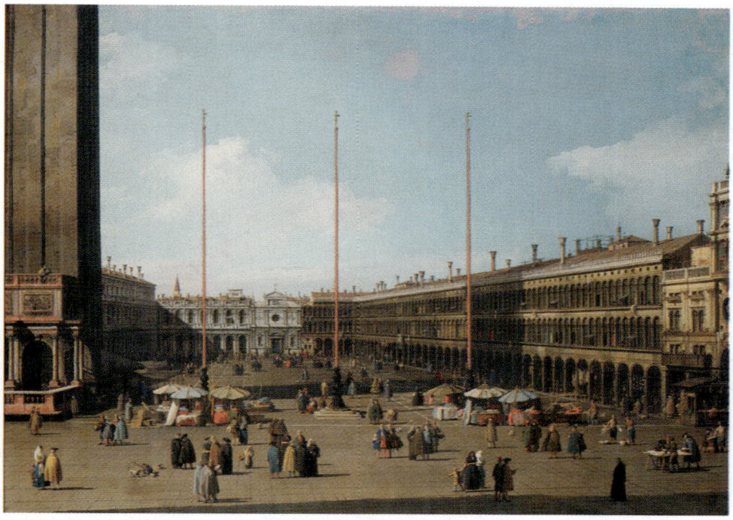

Nella pagina a fianco:
Ritorno del Bucintoro al molo il giorno dell'Ascensione *(1729), particolare.*

In copertina:
Piazza San Marco *(1742-1744), particolare; Washington, National Gallery of Art.*

Qui sopra:
Piazza San Marco verso San Geminiano *(1735 circa); Roma, Galleria nazionale d'arte antica di palazzo Barberini.*

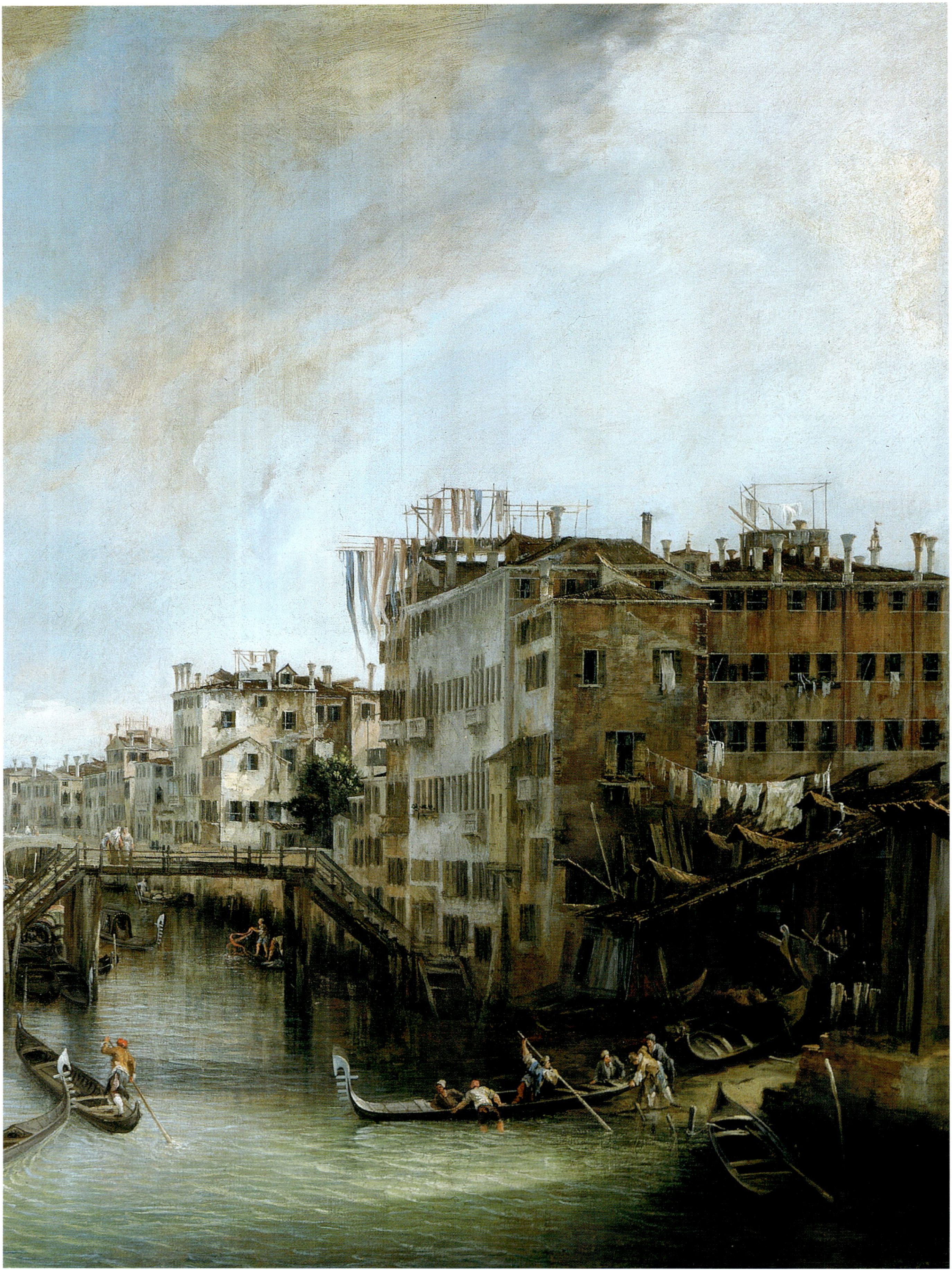

I "CAPRICCI" D'ESORDIO

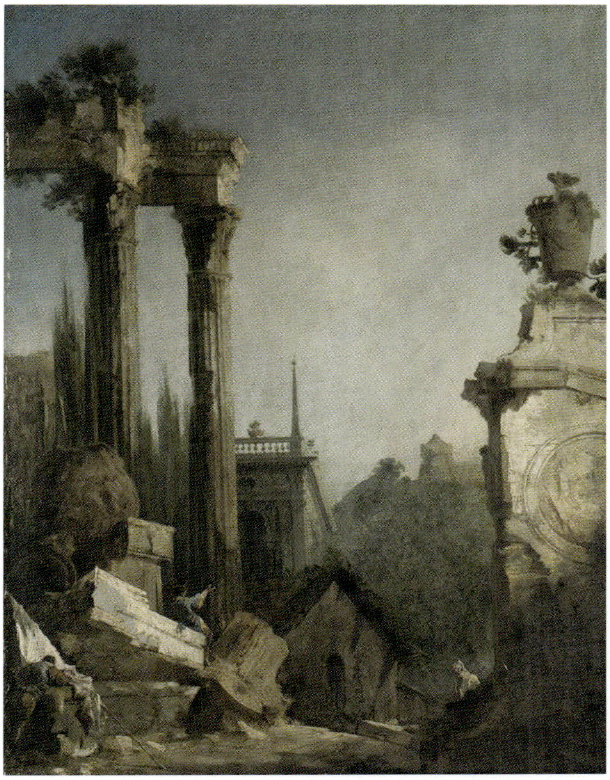

Capriccio con rovine
(1721-1722 circa);
Hartford,
Wadsworth Atheneum,
Museum of Art.

Zuanne (Giovanni) Antonio Canal, il futuro Canaletto, nasce a Venezia, nella popolosa parrocchia di San Lio, il 28 ottobre 1697.

È figlio di Bernardo e Artemisia Barbieri: il padre, definito nell'atto di battesimo di Antonio semplicemente «pittor», era in realtà uno scenografo di notevole successo a Venezia, e come «pittore teatrale» è ricordato da alcuni scrittori settecenteschi, lo Zanetti (1771) e il Lanzi (1795-1796).

Bernardo risulta iscritto alla corporazione degli artisti locali, la "fraglia" dei pittori veneziani, a più riprese: nel 1717, 1737 e 1743. Di lui si conoscono anche alcune vedute di Venezia, tutte databili agli anni Trenta: ciò autorizza a credere che la sua attività di vedutista sia iniziata assai tardi, forse sull'onda del successo ottenuto dal figlio, a queste date già assai celebre. Tuttavia è curioso rilevare che le vedute di Bernardo sono evidentemente ispirate non tanto a quelle di Antonio, quanto piuttosto a quelle del friulano Luca Carlevarijs, l'iniziatore della veduta settecentesca veneziana. Viene quindi ovvio ritenere che Bernardo non deve aver intrattenuto stretti rapporti con Antonio dopo che questi – nel 1719, come testimoniano i contemporanei – abbandona l'attività di scenografo, per dedicarsi alla veduta.

Di fatto il giovane Antonio aveva cominciato la propria attività con il padre: nel 1716, poco più che diciottenne, lo troviamo impegnato accanto a Bernardo e al fratello maggiore Cristoforo negli allestimenti dell'*Arsilia regina di Ponto*, dell'*Incoronazione di Dario* di Antonio Vivaldi e della *Penelope casta* di Francesco Chilleri, messe in scena al teatro Sant'Angelo. L'anno successivo, ancora al Sant'Angelo, sono rappresentati altri

Nella pagina a fianco:
Rio dei Mendicanti
(1724-1725),
particolare;
Venezia,
Ca' Rezzonico,
Museo del Settecento
veneziano.

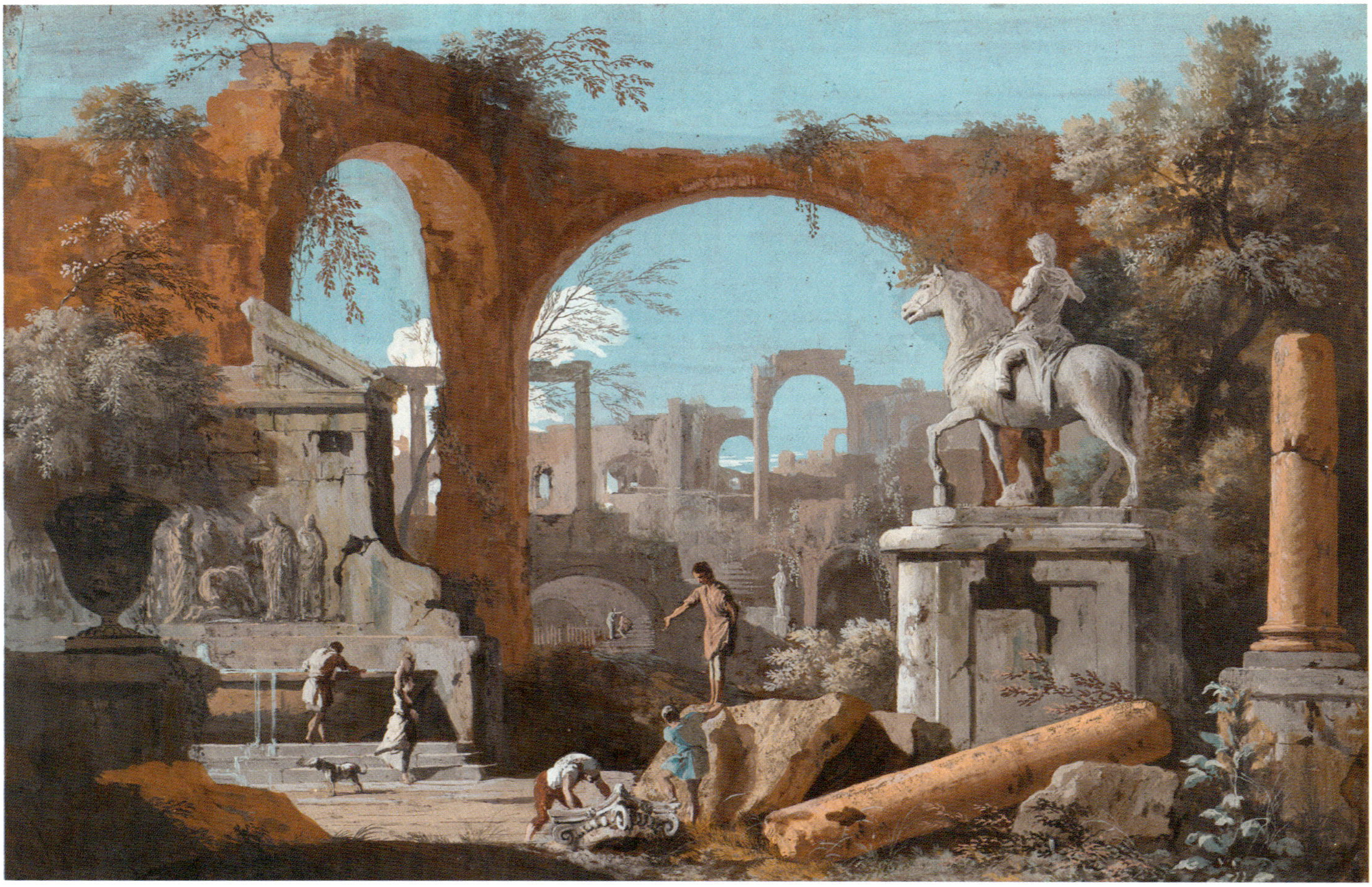

Marco Ricci,* Capriccio con rovine romane *(1720 circa); Washington, National Gallery of Art.

due melodrammi con le scenografie dei Canal: *L'innocenza riconosciuta* di Carlo Francesco Pollarolo e *Il vinto trionfante del vincitore* di anonimo. Contemporaneamente i Canal si trasferiscono al teatro San Cassiano dove mettono in scena l'*Argippo* di Giovanni Porta; nel 1718, poi, ancora al San Cassiano, lavorano al *Fornace* del Pollarolo e all'*Antigone* di Giuseppe Maria Orlandini.

L'anno successivo Bernardo e Antonio si recano a Roma, chiamati ad allestire le scenografie per il *Tito Sempronio Gracco* e il *Turno Ariano* di Alessandro Scarlatti che saranno rappresentati al teatro Capranica durante il carnevale del 1720. Qui, giusta la testimonianza di Anton Maria Zanetti (1771), avviene il cambiamento di indirizzo del giovane Canaletto, che «lasciato il teatro, annojato dall'indiscretezza dei poeti drammatici, tutto si diede a dipingere vedute al naturale». «Ciò fu», continua lo Zanetti, «circa l'anno 1719, in cui scomunicò, dicea egli, solennemente il teatro». La testimonianza, al solito affidabilissima, dello Zanetti è stata variamente interpretata e si è giunti anche a immaginare che Antonio sia stato talmente affascinato dalla visione delle opere dei pittori di paesaggio operanti a Roma, dal Van Wittel al Codazzi, da decidere repentinamente di abbandonare la scenografia per dedicarsi alla veduta. Tuttavia, a mio avviso le parole dello Zanetti vanno interpretate in maniera diversa, e probabilmente il viaggio a Roma non costituisce una svolta indispensabile nelle scelte del giovane pittore: infatti è probabile che il suo passaggio dalla scenografia alla veduta sia avvenuto per naturale evoluzione, maturando all'interno dell'ambiente stesso dei pittori di teatro.

Non è purtroppo sopravvissuto alcun ricordo grafico dell'intensa attività scenografica dei Canal utile a fornire un'indicazione precisa circa i modi da loro adottati. Non siamo quindi in grado di dire con certezza se Bernardo – e con lui Antonio – appartenesse alla schiera numerosa dei seguaci dei Bibiena, di quegli artisti cioè che, sull'esempio dei celebri maestri emiliani, adottavano una scenografia di tipo prospettico, caratterizzata dalla presenza di macchine fantastiche, di grevi fughe di colonnati, di possenti

Capriccio con rovine classiche (1723).

Canaletto accosta la piramide di Caio Cestio a Roma (al centro del dipinto) alla cinquecentesca Basilica vicentina del Palladio (sullo sfondo, a sinistra).

Il capriccio (detto anche "veduta ideata") è una veduta prospettica caratterizzata dalla libera raffigurazione di architetture fantastiche o invenzioni prospettiche, spesso combinate con elementi liberamente tratti dalla realtà.

apparati architettonici, in una complessiva esasperazione di forme tipica del mondo barocco. O se invece egli avesse aderito a quel movimento innovativo in chiave antibarocca che, a far data dal primo decennio del Settecento, aveva preso piede a Roma e successivamente a Torino, grazie soprattutto all'opera di Filippo Juvarra, ma anche a Venezia, avendo particolare riscontro nell'attività di scenografo di Marco Ricci.

Questi, che aveva incontrato lo Juvarra a Roma nel 1706-1707, stringendo con lui uno stretto rapporto di amicizia, lavorò intensamente per il teatro. Nulla si sa della sua attività in questo specifico campo nel periodo precedente al suo primo viaggio in Inghilterra, compiuto dal 1708 al 1711 assieme a Giannantonio Pellegrini: tuttavia non è il caso di credere che egli si sia improvvisato scenografo al momento, dato che l'incarico affidatogli di allestire le scene di alcune opere di autori italiani adattate da Owen McSwiney per il King's Theatre di Haymarket a Londra non era certo impegno di scarsa rilevanza. Della sua attività in questo campo resta memoria nei circa cinquanta "stage designs", i bozzetti scenografici già proprietà del console inglese a Venezia Joseph Smith e ora alla Royal Library di Windsor Castle. Tali disegni sono stati eseguiti a partire presumibilmente dal 1718, quando Marco riprende a Venezia l'attività di scenografo – sostituendo al Sant'Angelo proprio i Canal, passati nel frattempo al San Cassiano – mettendo in scena l'*Amor di figlia* di Giovanni Porta. Dai disegni conservati a Londra si evince come il Ricci utilizzasse nella sua attività per il teatro lo stesso repertorio che gli era consueto nel campo della pittura rovinistica e del paesaggio vedutistico. Le sue scenografie, risolte prevalentemente sul fondale, rappresentano grandi piazze, porticati con statue, cortili e giardini di ville, interni con stanze riccamente decorate, scene queste che costituiscono probabilmente libere trascrizioni dal reale. In una parola, esse sono assai prossime ai numerosi capricci che Marco andava dipingendo nella fase avanzata della sua attività.

Alla luce di quanto detto, pare ragionevole credere che un giovane scenografo all'inizio della carriera, quale era Antonio alla fine del secondo decennio del Settecento, non possa non essersi interessato alle innovazioni apportate dall'affermato collega. Ed è quindi assai probabile che anch'egli – e con lui l'intera bottega – abbia adottato già prima del trasferimento a Roma la nuova tipologia scenografica di tipo pittorico, sul modello del Ricci. E che l'esempio del Ricci sia stato ben presente al giovane Canaletto lo conferma a evidenza l'esame dei primi dipinti

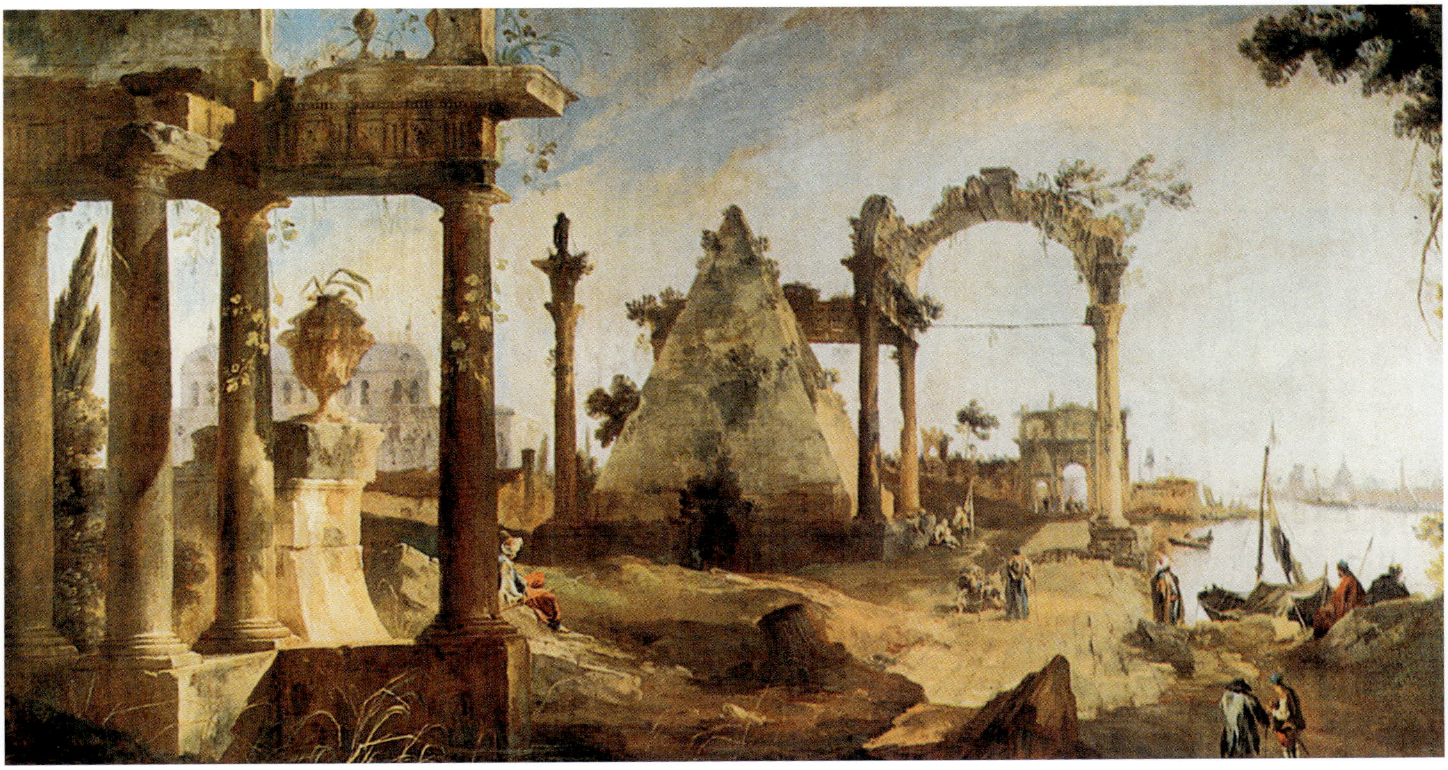

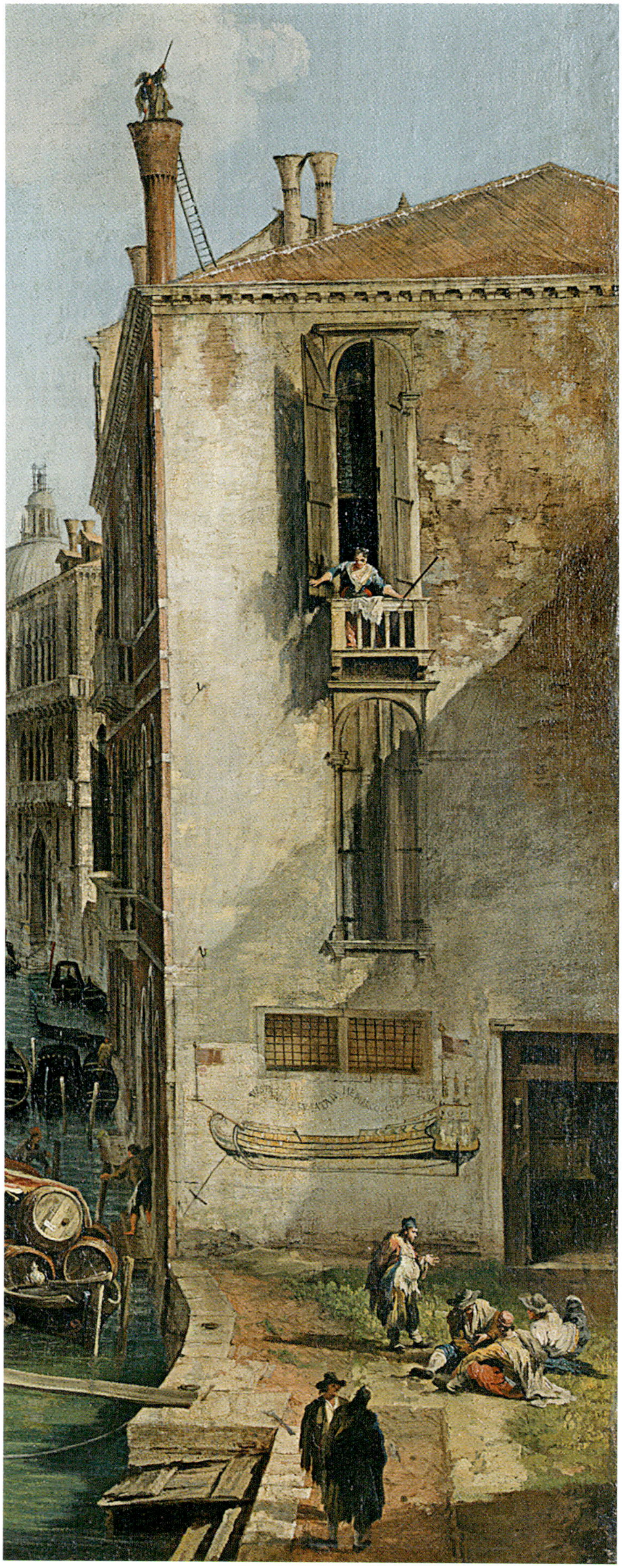

da lui eseguiti dopo aver solennemente "scomunicato" il teatro: sia dei capricci che delle vedute.

Dei numerosi capricci che sono stati riferiti alla sua attività giovanile solo cinque possono essergli attribuiti con certezza: due si trovano in collezione privata a Venezia; due altri, simili per misure e di cui uno firmato e datato 1723, sono conservati in collezioni private a Milano e in Svizzera, e in origine facevano con ogni probabilità parte dell'arredo della villa di proprietà della famiglia Giovanelli a Noventa Padovana; il quinto è al Wadsworth Atheneum di Hartford. In tutti emerge con forza la lezione riccesca, evidente sia nella scelta dei soggetti che nell'intonazione coloristica intensamente drammatica, su toni densi, affocati. In essi il Canaletto accosta elementi rovinistici di fantasia ad altri tratti dal vero: per esempio, nel capriccio milanese appaiono, frammiste ad archi in rovina che si prospettano su di un paesaggio lagunare, la piramide di Caio Cestio a Roma e la Basilica palladiana di Vicenza; in una delle due tele veneziane troviamo invece, contornato da ruderi romani e medievali, un edificio del tutto simile alla Biblioteca marciana costruita a Venezia dal Sansovino. La lezione del Ricci emerge con forza anche nelle primissime vedute veneziane del Canaletto, identificabili nelle quattro tele di grandi dimensioni che alla fine del Settecento appartene-

A sinistra e nella pagina a fianco dall'alto:* Canal grande da campo San Vio *(dopo il 1719), particolare e intero; Madrid, Museo Thyssen-Bornemisza.

Canal grande da palazzo Balbi verso Rialto *(prima del 1723); Venezia, Ca' Rezzonico, Museo del Settecento veneziano.*

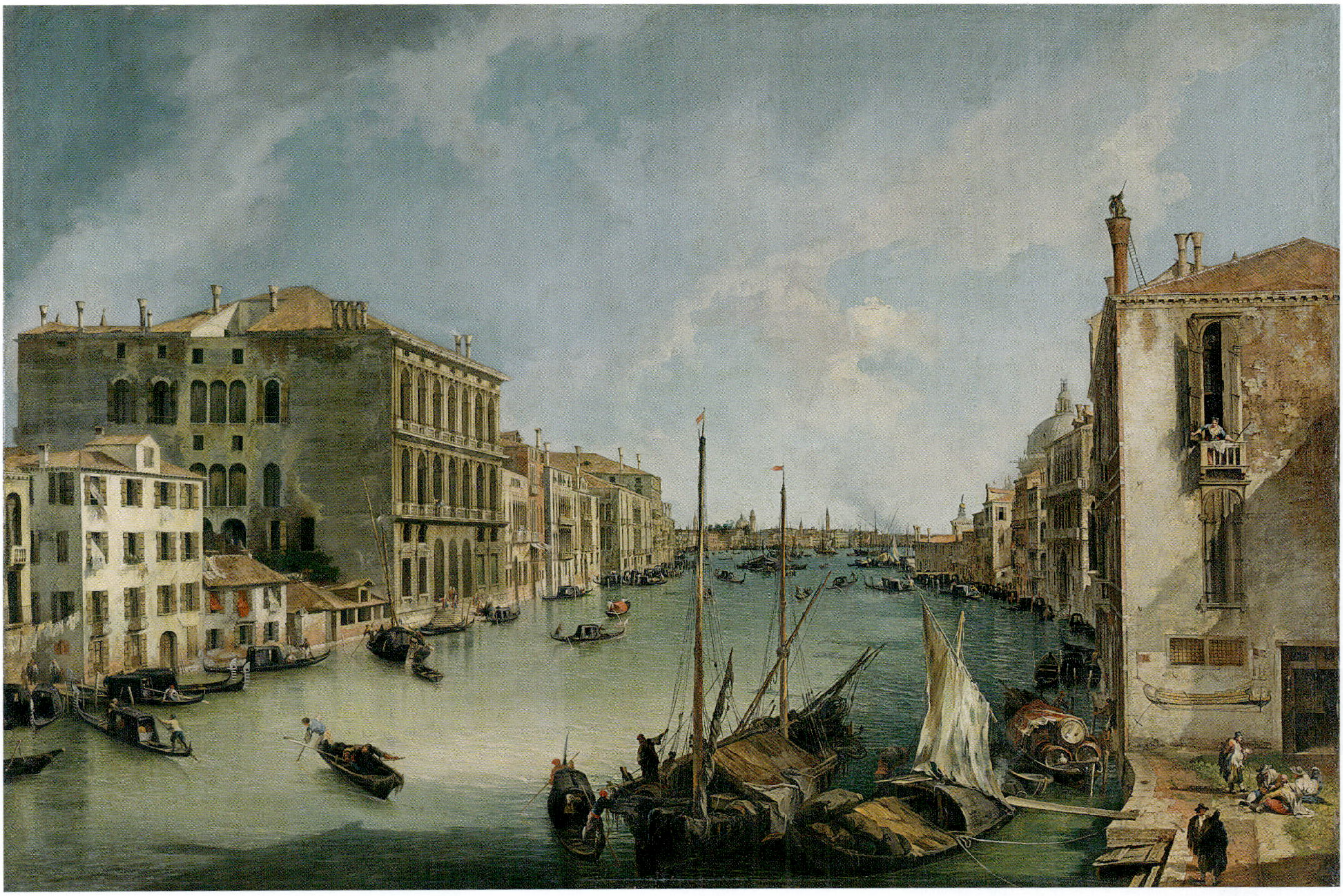

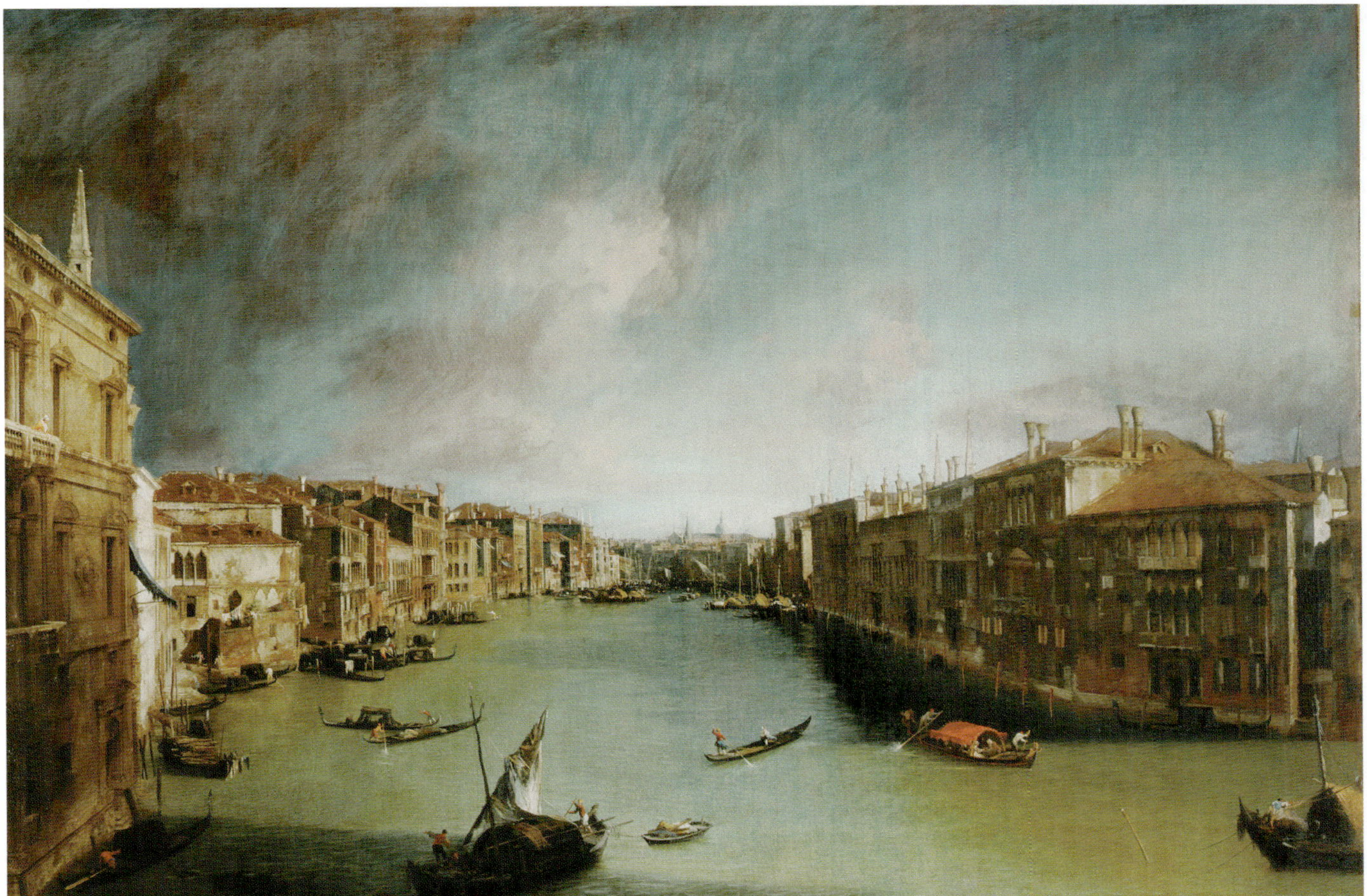

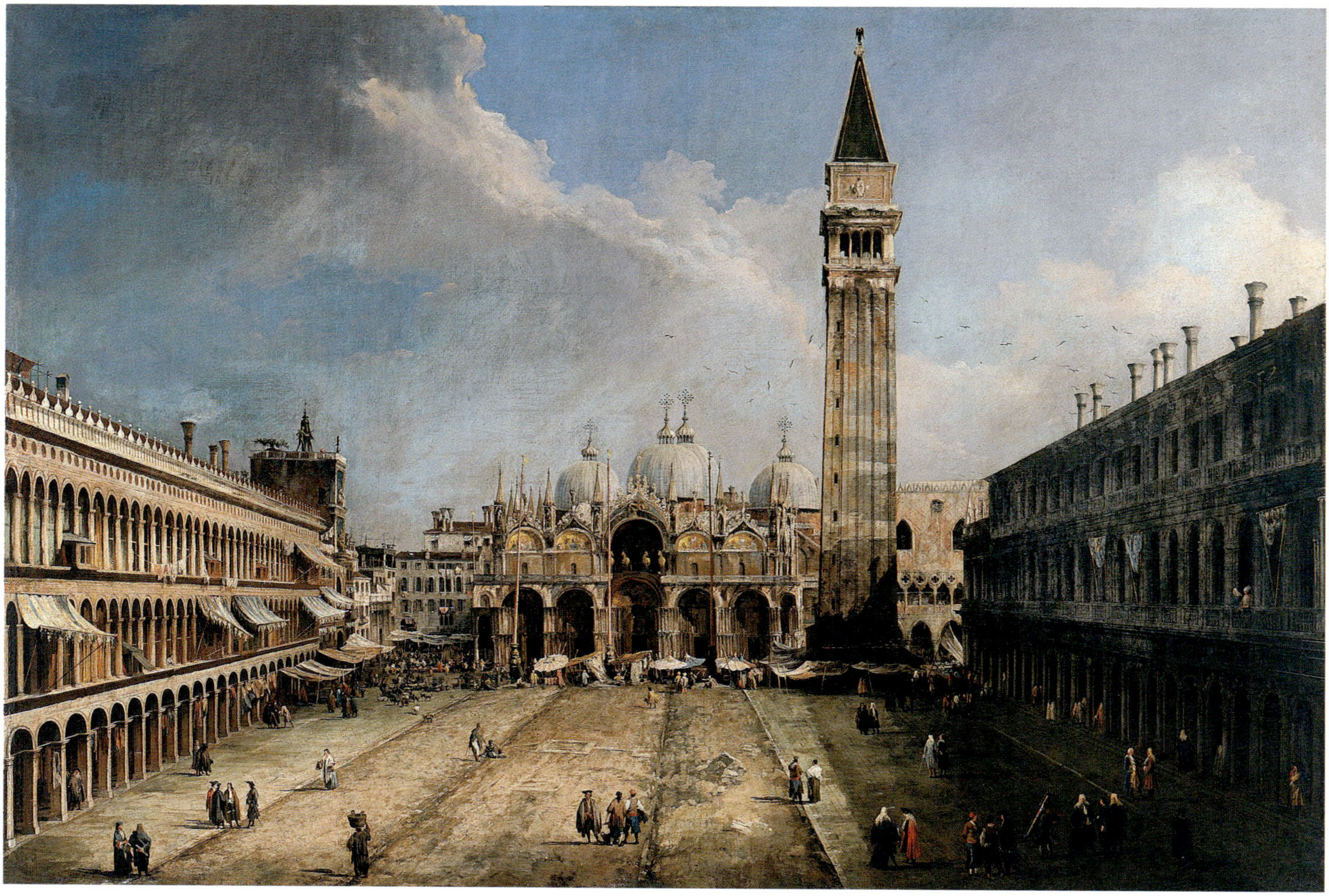

Piazza San Marco
(1724-1725);
Madrid,
Museo
Thyssen-Bornemisza.

vano al principe Liechtenstein a Vienna e che ora sono divise equamente tra il Museo Thyssen-Bornemisza di Madrid e il Museo del Settecento veneziano a Ca' Rezzonico.

È assai probabile, a mio avviso, che le quattro vedute non siano state eseguite contemporaneamente, ma a gruppi di due in momenti diversi, a distanza di qualche anno. Infatti nella veduta del *Canal grande da campo San Vio* della collezione Thyssen appaiono sulla cupola della chiesa della Salute le impalcature montate a partire dal settembre del 1719 per dei lavori di consolidamento statico, mentre la *Piazza San Marco* della stessa collezione mostra l'area marciana durante la posa in opera della nuova pavimentazione progettata da Andrea Tirali, allo stato in cui, secondo le precise indicazioni fornite dai documenti, doveva trovarsi nel 1724.

Ma soprattutto questi dipinti non sono tra loro perfettamente omogenei dal punto di vista stilistico, tanto che per loro tramite mi pare possibile riconoscere gli sviluppi dello stile canalettiano nella sua fase iniziale. Nella veduta del *Canal grande da palazzo Balbi verso Rialto* di Ca' Rezzonico appaiono ben visibili i toni brunacei della tradizione riccesca; le figurette sono piccole, piuttosto generiche, ma colte in positure estremamente vivaci; inoltre qui il Canaletto fa uso di un escamotage derivato probabilmente dalla tradizione scenografica teatrale, utilizzando sul primo piano due diverse fonti di luce, al punto che sulle acque del Canal grande si proiettano contemporaneamente sia le ombre di palazzo Balbi, a sinistra, che quelle delle case dei Mocenigo a destra. Viceversa, la veduta del *Rio dei Mendicanti* dello stesso museo veneziano è assai più luminosa e coloristicamente vivace; le macchiette sono sensibilmente più grandi nel rapporto con le architetture e ciascuna di esse è descritta con precisione e ricchezza di particolari.

Dunque, nel breve volgere dei pochi anni che intercorrono tra l'esecuzione della prima e della seconda coppia di

Rio dei Mendicanti
(1723-1724);
Venezia,
Ca' Rezzonico,
Museo del Settecento veneziano.

dipinti, lo stile del Canaletto si modifica in modo sensibile, nella direzione di un rapporto più preciso con la realtà; d'altro canto, pare di poter cogliere già nel *Rio dei Mendicanti* e nella coeva *Piazza San Marco* della collezione Thyssen l'esordio della ricerca che, condotta nel corso della seconda metà degli anni Venti, porterà il pittore a quella "conquista della luce" che caratterizzerà e qualificherà la sua produzione successiva. E ciò avviene in significativa coincidenza con quanto negli stessi anni andava elaborando l'altro grande protagonista della pittura veneziana del Settecento, quel Giambattista Tiepolo che, a far data all'incirca dall'esecuzione degli affreschi del veneziano palazzo Sandi (1725), abbandona progressivamente il gusto tenebroso della tradizione del Piazzetta e del Bencovich per rivolgersi a esiti di sempre maggiore luminosità, prendendo adesso a modello le realizzazioni del cinquecentesco Paolo Veronese, tramite l'esempio di Sebastiano Ricci.

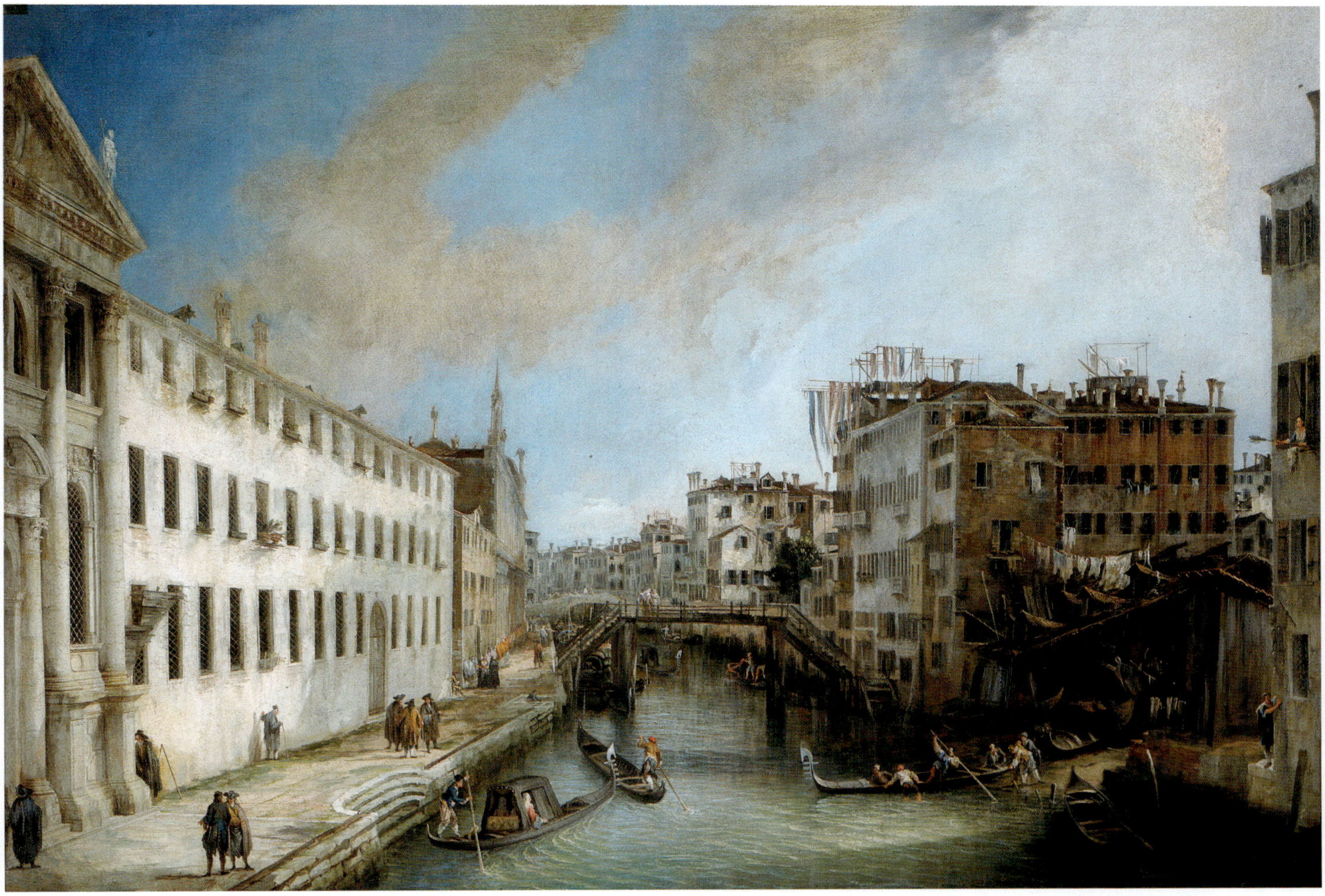

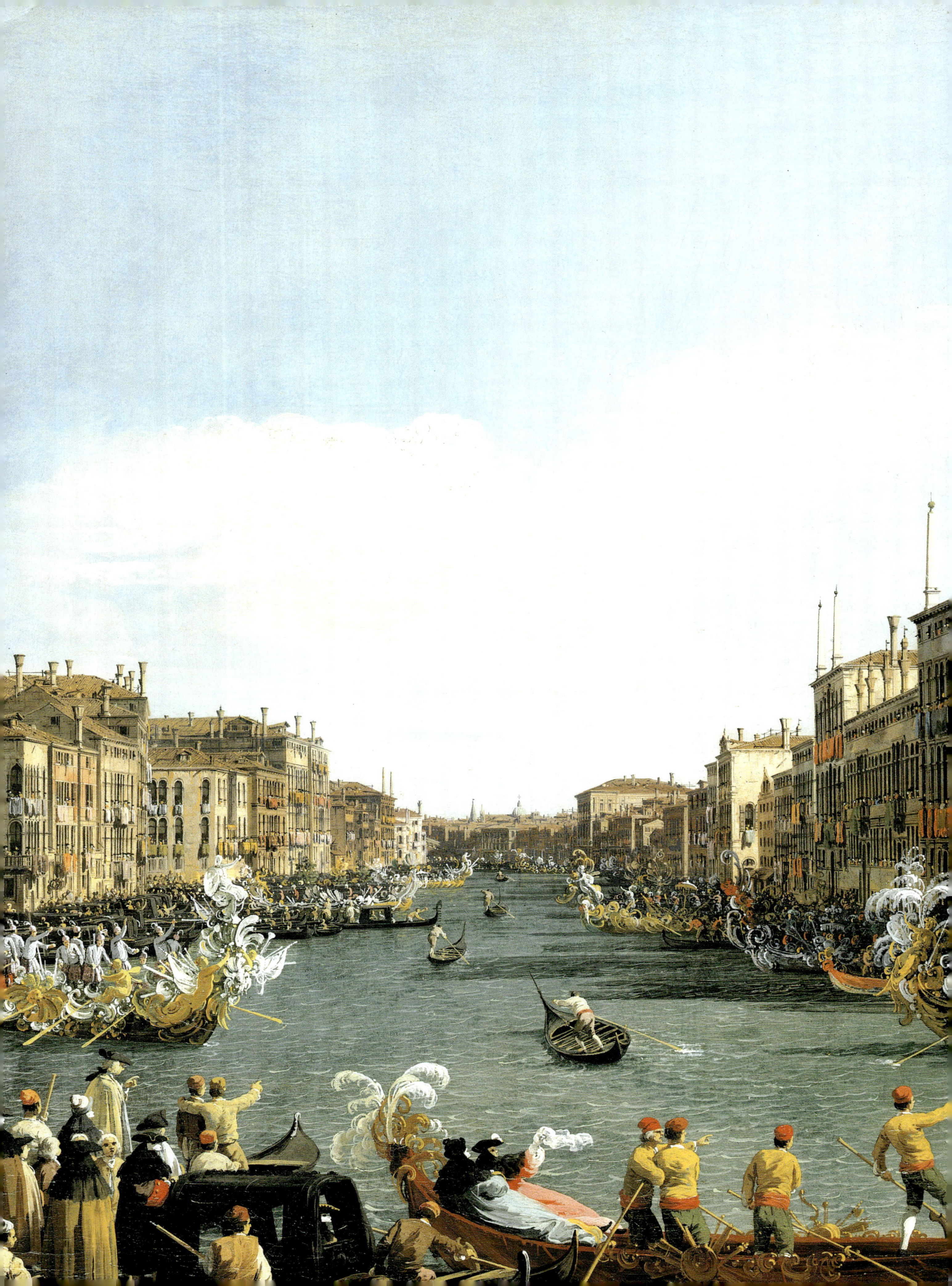

LUCI DELLA CITTÀ

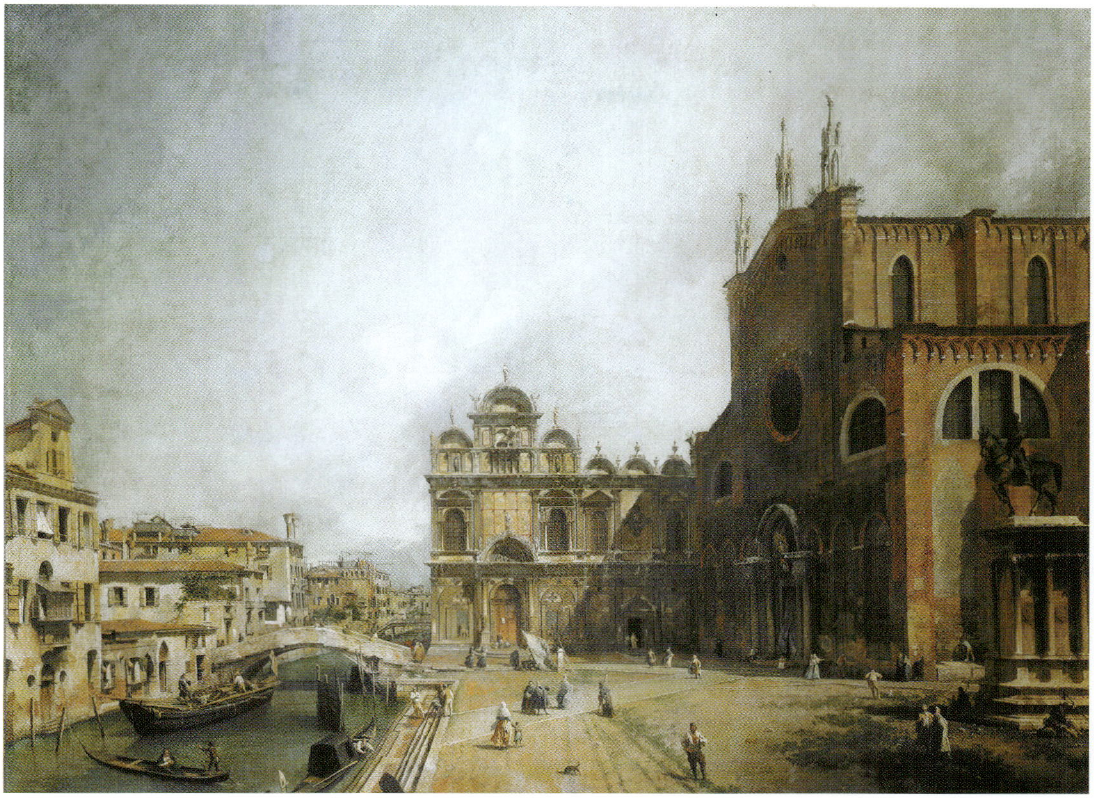

Il successo del Canaletto nell'ambiente veneziano deve essere stato repentino, tanto da soppiantare nella scelta dei collezionisti l'affermato Luca Carlevarijs.

Nella pagina a fianco:
Regata
nel Canal grande
(1734 circa),
particolare;
Windsor,
Windsor Castle,
Royal Collection.

Il Moschini (1806) narra che questi morì di crepacuore vedendosi superato dal nuovo astro del vedutismo veneziano: e se pure ciò non corrisponde alla realtà, dal momento che il pittore friulano morì nel 1730, dopo essere stato colpito da paralisi progressiva due anni prima, tuttavia questa testimonianza costituisce un'attendibile

In alto:
Campo dei Santi
Giovanni e Paolo
(1725);
Dresda,
Gemäldegalerie
Alte Meister.

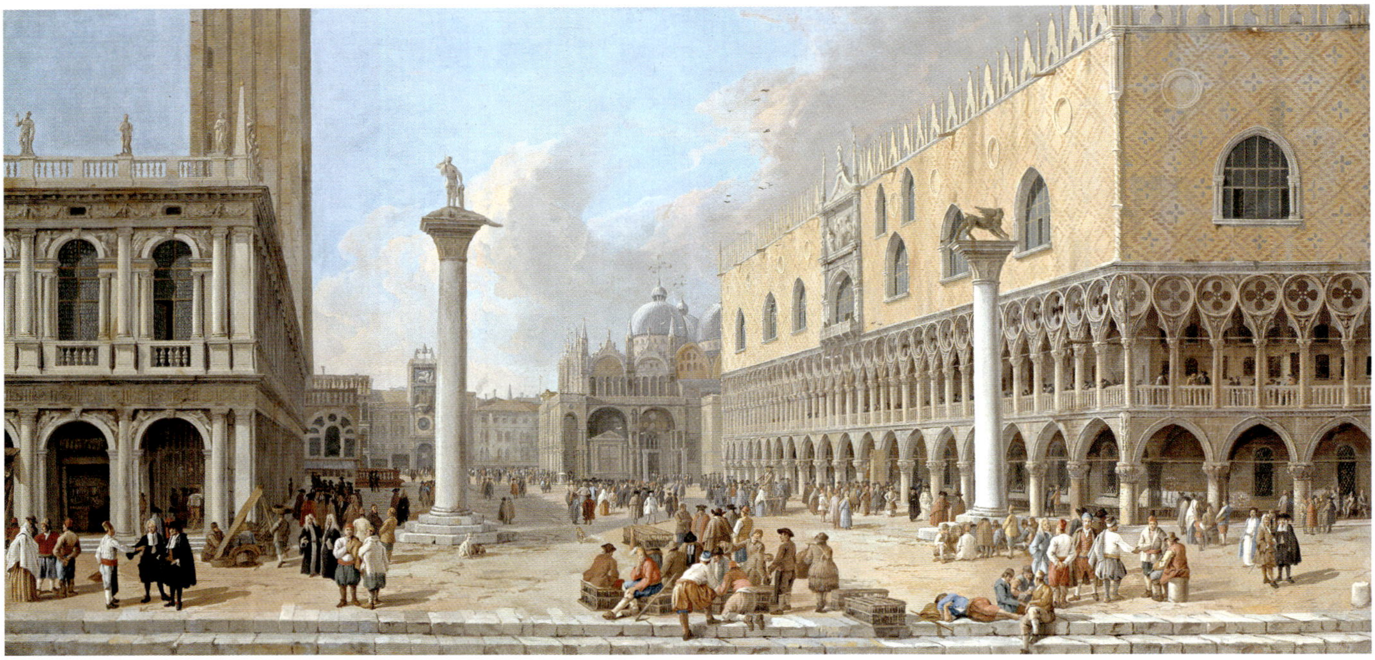

Luca Carlevarijs,
Riva degli Schiavoni verso la Piazzetta
(1720 circa);
San Diego (California),
Timken Museum of Art.

conferma della rapida affermazione del più giovane artista.

Le ragioni dell'apprezzamento dei contemporanei risultano chiare rileggendo la corrispondenza intercorsa nel 1725-1726 tra il pittore veronese, ma residente a Venezia, Alessandro Marchesini e il mercante e collezionista lucchese Stefano Conti. Quest'ultimo aveva richiesto al Marchesini – che alternava l'attività di pittore di soggetti storici e religiosi a quella di mediatore tra i colleghi e i collezionisti – di procurargli due vedute di Venezia, da accompagnare ad altre tre già di sua proprietà, opera del Carlevarijs. Rispondendo a tale richiesta, il Marchesini lo informa che «il S. Lucca [...] adesso è vecchio» e che il suo posto è stato preso dal «Sig.r Ant. Canale, che fa in questo paese stordire universalmente ognuno che vede le sue opere, che consiste sul ordine del Carlevari ma vi si vede lucer entro il Sole». Quindi il Marchesini da un lato evidenzia nelle realizzazioni del Canaletto la continuità tematica con le opere del Carlevarijs, ma contemporaneamente mostra di saper cogliere il modo nuovo di intendere la veduta di Antonio nella sua volontà di dare la massima luminosità («vi si vede lucer entro il Sole») alle sue opere. E che l'entusiasmo del Marchesini abbia sortito buon effetto presso il collezionista lo prova il fatto che il Conti acquistò dal Canaletto – superando le difficoltà motivate dagli impegni già numerosi del pittore e dal costo elevato delle opere – non due, ma quattro vedute.

Le tele acquistate dal Conti sono ora nella collezione degli eredi Hosmer a Montreal. Di una di esse, raffigurante il *Ponte di Rialto da nord* (la prima a essere eseguita), conosciamo il disegno preparatorio, conservato all'Ashmolean Museum di Oxford. Disegno, questo, preso dal vero (non a caso il Marchesini aveva scritto al Conti che Canaletto «va sempre sul luoco, e forma tutto sul vero»), di grandissimo interesse per la particolare attenzione posta dal pittore nella resa della luce, sottolineata dall'annotazione a penna («sole») che appare sulla zona della veduta dove più forte e abbacinante è l'incidenza luminosa. Questo lampo viene trasferito esattamente dal disegno alla pittura, a riprova dell'interesse del Canaletto per la resa realistica della luce naturale. I dipinti per Stefano Conti, caratterizzati da una pennellata libera, corposa, assai prossima a quella delle più tarde tra le tele già Liechtenstein, non segnano tuttavia ancora il raggiungimento dei vertici luminosi che connoteranno le vedute canalettiane dei tardi anni Venti: molto acceso vi appare infatti il contrasto chiaroscurale tra le zone in ombra e quelle soleggiate, retaggio della lezione riccesca che connota la prima attività di Antonio.

Il passo successivo e, vien da dire, definitivo, avviene subito dopo la conclusione del lavoro per Conti, quando il

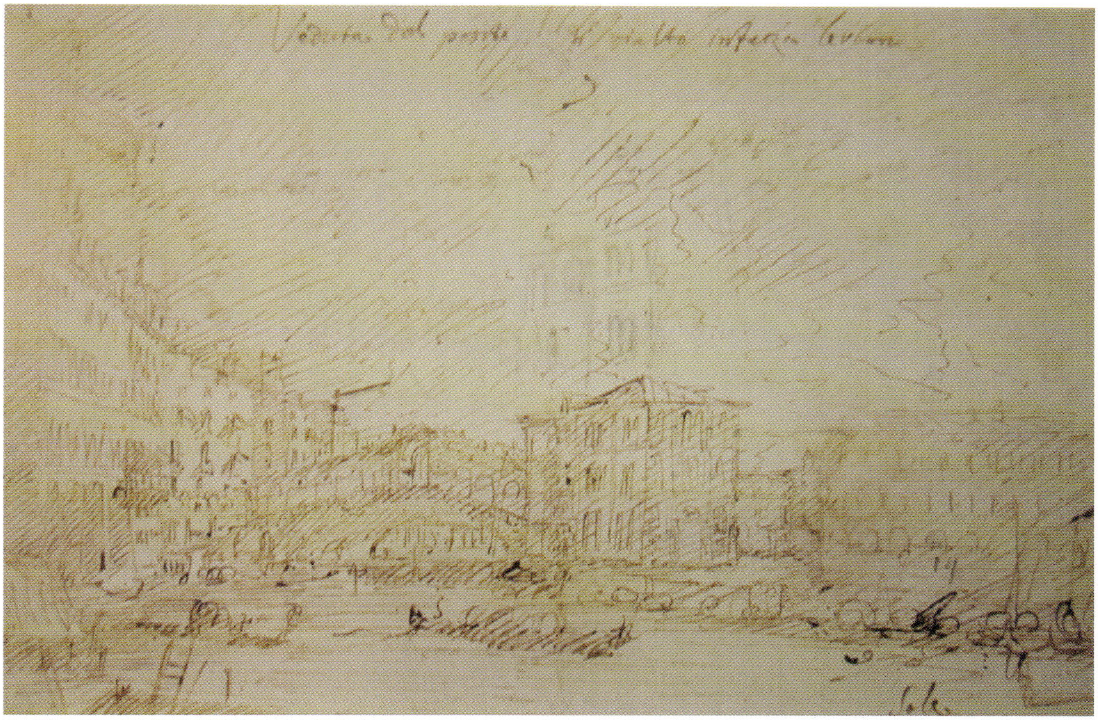

Disegno preparatorio per il **Ponte di Rialto da nord** *(1725-1726); Oxford, Ashmolean Museum.*

Canaletto viene in contatto col già citato Owen McSwiney, irlandese, impresario teatrale fallito e per questo costretto a lasciare l'Inghilterra per l'Italia. A Venezia, attorno al 1726, McSwiney convince il Canaletto a collaborare – con il Pittoni, il Cimaroli e il Piazzetta – all'esecuzione di due tele con tombe allegoriche che facevano parte di una serie di monumenti immaginari dedicati a personaggi celebri della storia inglese del secondo Seicento, affidate ai più famosi artisti di scuola bolognese e veneziana. Ma, contemporaneamente, lo convince a eseguire per lo stesso committente delle allegorie, il duca di Richmond, due piccole vedute su rame.

In queste opere di piccolo formato, spedite in Inghilterra nel 1727, il Canaletto abbandona i modi drammatici,

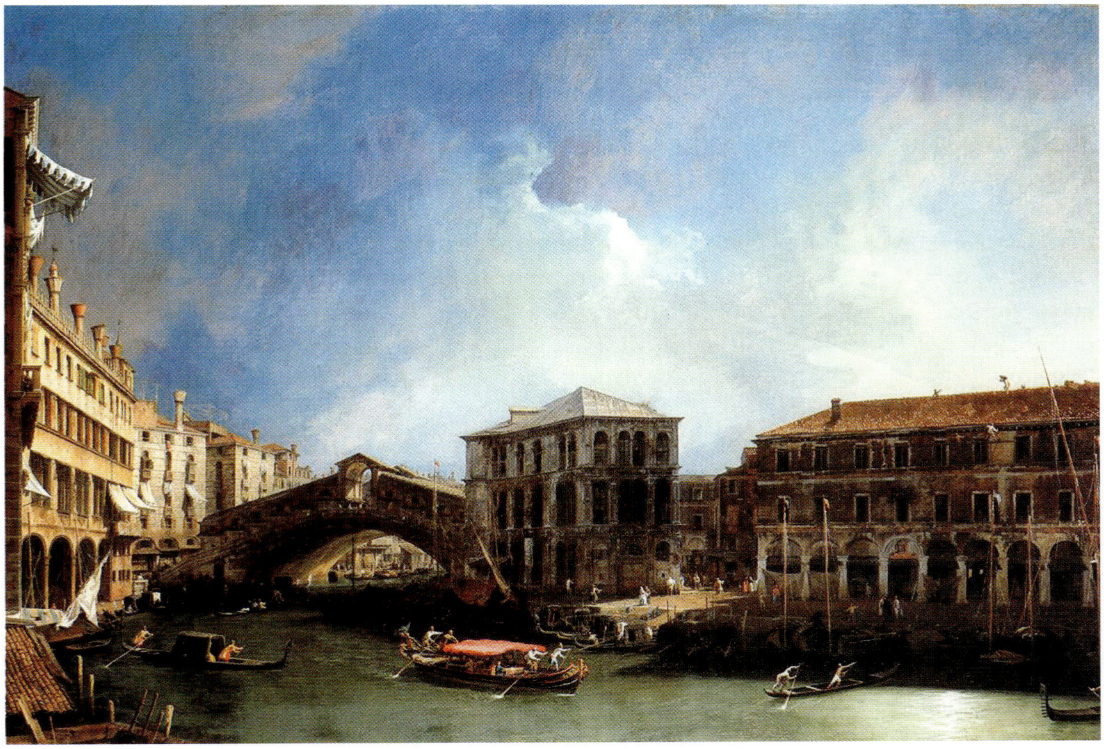

Ponte di Rialto da nord *(1725-1726); Torino, Pinacoteca Giovanni e Marella Agnelli.*

Le vedute per Stefano Conti (tra cui questa) segnano un momento importante nella carriera di Canaletto, che venne preferito, in questa occasione, all'affermato collega Luca Carlevarijs.

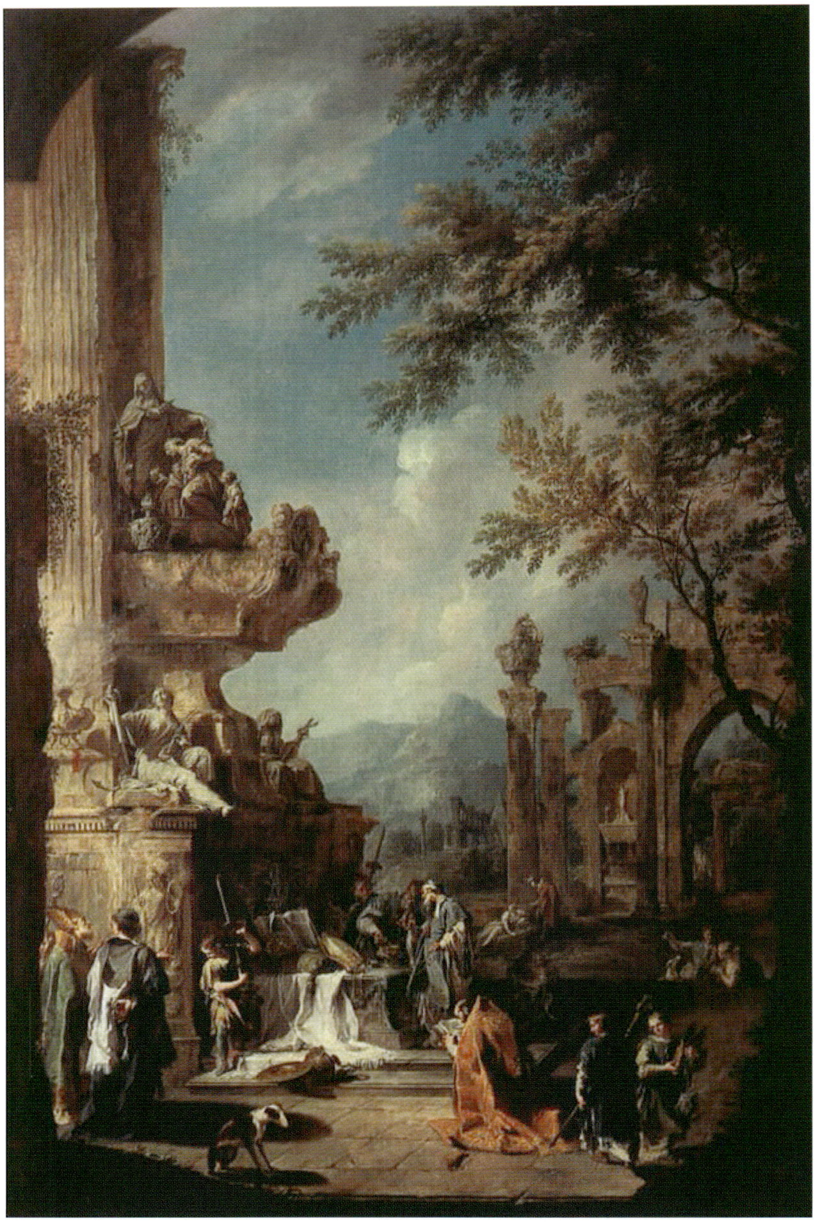

Antonio Canaletto, Giovanni Battista Pittoni, Giovanni Battista Cimaroli,* Capriccio con la tomba dell'arcivescovo Tilloston *(1726 circa).

Nella pagina a fianco:* La Piazzetta verso la Torre dell'orologio *(1726-1728); Windsor, Windsor Castle, Royal Collection.

fortemente chiaroscurati della sua fase giovanile, per rivolgersi a una luminosità intensa che esalta la precisione nella resa dei particolari della veduta e delle architetture che la compongono. Quanto abbia influito su questo ulteriore passaggio il consiglio di McSwiney non è facile dire; ma l'impressione è che il desiderio del mediatore di avere opere più consone al gusto degli acquirenti inglesi e quindi più precise topograficamente e accurate nella resa pittorica abbia trovato perfetta rispondenza nel pittore, accelerando un processo ormai in atto. Del resto, proprio in questi stessi anni cominciavano a essere conosciute a Venezia le teorie scientifiche newtoniane sulla luce e sulla scomposizione dei colori da un lato e sullo spazio assoluto dall'altro; e pare del tutto credibile l'ipotesi di quanti ritengono che il giovane pittore possa aver conosciuto e apprezzato tali novità rivoluzionarie che giungevano dall'Inghilterra.

Intanto, la collaborazione tra Canaletto e McSwiney volgeva alla fine: già nel 1730 l'ex impresario si lamentava col duca di Richmond perché il pittore ritardava la consegna di altri due dipinti su rame destinati all'illustre committente e questa trascuratezza da parte del Canaletto potrebbe costituire il segnale del suo nuovo legame con l'intermediario destinato a lanciarlo in modo definitivo, Joseph Smith. Banchiere, mercante, uomo di cultura assai vasta e di infiniti interessi, lo Smith fu collezionista di altissimo lignaggio. Fu inoltre il punto di riferimento, anche per il suo ruolo di console britannico a Venezia (carica che tenne ininterrottamente dal 1744 alla morte), per i nobili inglesi che giungevano in città nel corso del Grand Tour – come era chiamato il viaggio d'istruzione compiuto dalle classi agiate nei maggiori paesi europei e soprattutto in Italia – o per affari. Tra lo Smith e il Canaletto si stabilì subito uno stretto rapporto, attraverso il quale passò la maggior parte delle proficue commissioni arrivate al pittore dal mondo inglese. Ma il Canaletto dipinse anche numerose opere per lo stesso Smith, tant'è che, quando nel 1762 il console vendette la propria raccolta d'arte al re d'Inghilterra Giorgio III, giunsero a Windsor cinquanta dipinti del maestro veneziano, oltre a centocinquanta disegni.

Le prime tele eseguite per lo Smith sono sei vedute di piazza San Marco e delle zone circostanti, di dimensioni piuttosto grandi, che, sulla base dei particolari topografici, sono databili tra il 1726 e il 1728, in un momento cioè prossimo all'esecuzione dei due rami per il duca di Richmond. Rispetto a questi, le tele ora a Windsor sono più prossime ai modi giovanili, nell'intonazione brunacea e nella pennellata corposa, cui si aggiunge un passeggero interesse per le figure di grandi dimensioni; ma fin dalle opere immediatamente successive il Canaletto cambia registro, per dipingere una Venezia inondata di sole, animata, luminosa, descritta con cura dei particolari. Tale cambio di rotta è evidente – oltre che nelle dodici tele già Smith a Windsor databili entro il 1730 – in opere quali le

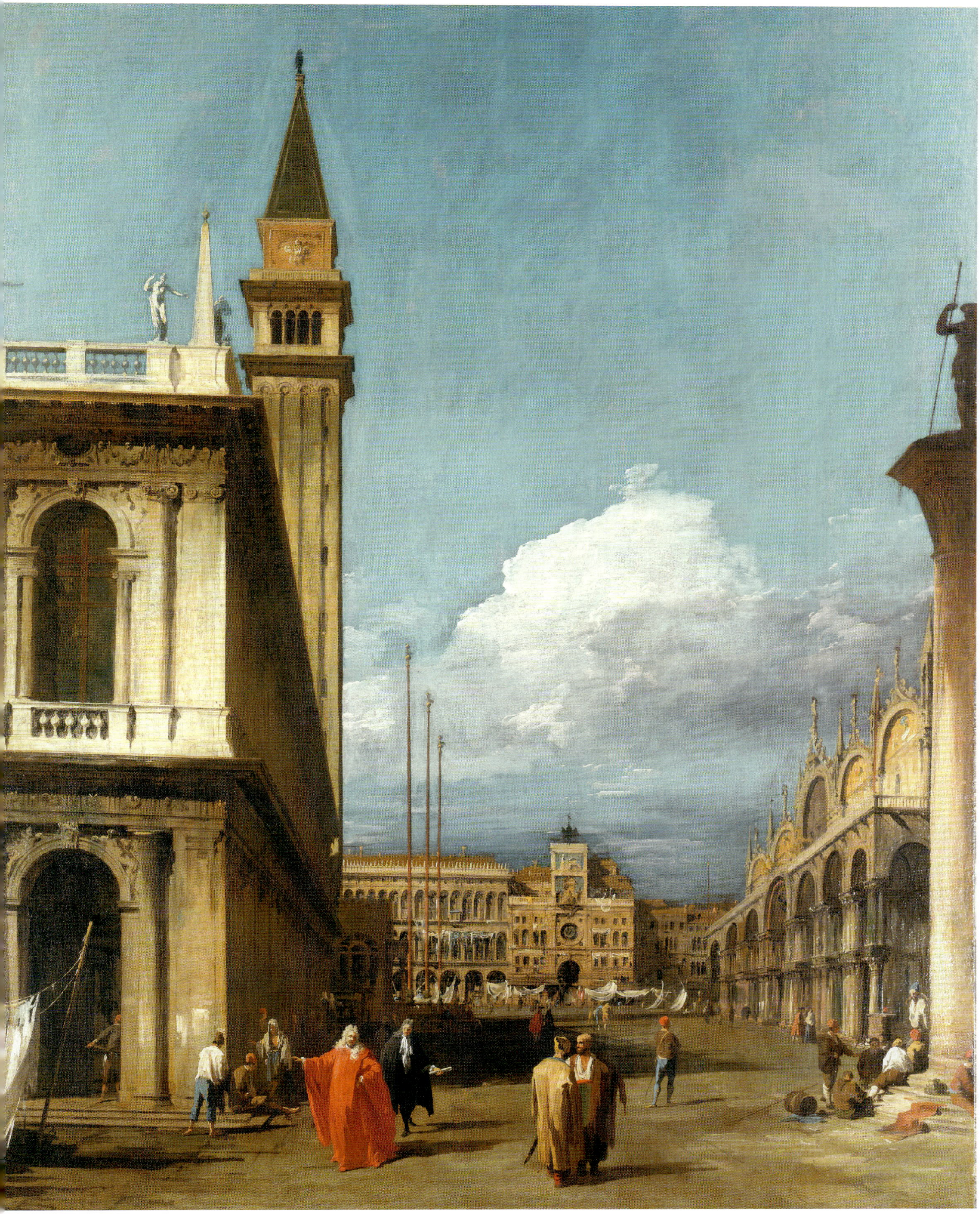

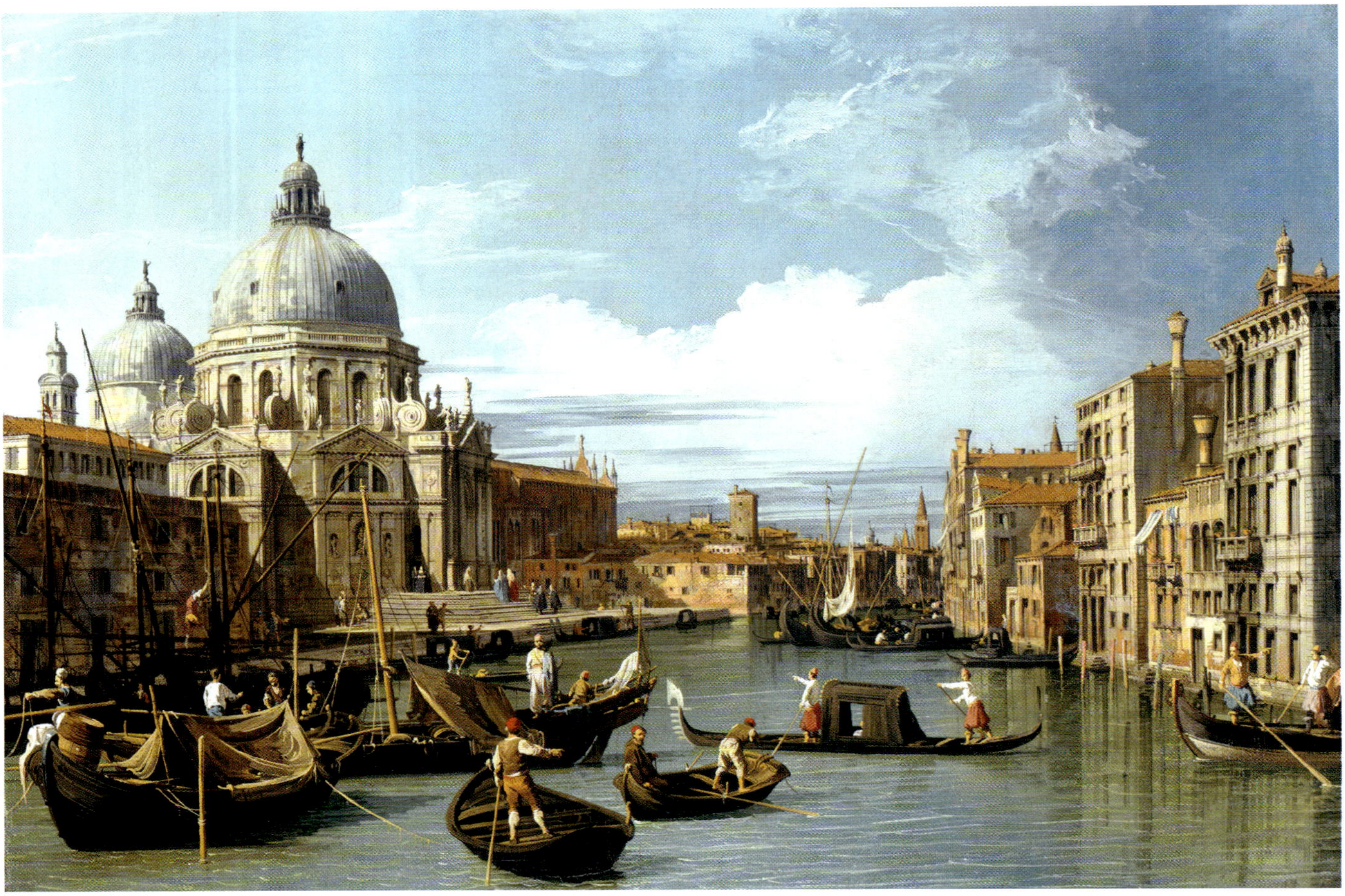

Qui sopra e nella pagina a fianco:* Ingresso al Canal grande *(1730 circa), intero e particolare; Houston (Texas), MFA - Museum of Fine Arts.

vedute di *Piazza San Marco con la Torre dell'orologio* di Kansas City, dell'*Ingresso del Canal grande* di Houston, della *Piazza San Marco con la basilica* di Cambridge (Massachusetts).

In ogni caso quelle del Canaletto non possono certo essere definite vedute "fotografiche": il pittore usa infatti nelle sue opere diversi punti di vista simultanei, adattando la realtà alle proprie esigenze e alla propria poetica. La testimonianza del Marchesini («dipinge sopra il luoco e non a idiea a casa come fa il Ser Lucca») – oltre a essere ingenerosa, perché non vera, nei confronti del Carlevarijs – non deve farci pensare che Antonio, armato di tele, cavalletto, colori e quant'altro, si recasse nel luogo prescelto e lì dipingesse direttamente quello che vedeva, quanto piuttosto che il pittore, avvalendosi dell'uso della camera ottica, compisse in loco dei rilevamenti utilizzati poi nello studio per la realizzazione dei dipinti. Al Museo Correr di Venezia è conservata una camera ottica settecentesca che reca la scritta «A. Canal»: improbabile testimonianza di un possesso solo supposto. Il principio sul quale si fonda tale strumento è quello per cui se si pratica un foro nella parete di una scatola buia, le immagini esterne, attraverso il foro, si proiettano rovesciate sulla parete opposta della scatola stessa. L'applicazione di lenti e specchi consente di migliorare la qualità dell'immagine, di raddrizzarla e di proiettarla su un piano di vetro. Su questa struttura base venivano costruite camere ottiche mobili, con l'operatore che in modi variamente ingegnosi ricopiava con cura su un foglio, lavorando in semioscurità, una tremolante immagine dell'esterno. Uno strumento di tipo semplificato e più maneggevole (del tipo della camera ottica conservata al Correr) era dotato di ottica reflex in grado di proiettare su una lastra di vetro smerigliato gli elementi base dell'immagine, consentendo una sommaria messa a punto dei colori e uno schizzo della prospettiva. L'uso della camera ottica da parte del Canaletto è ormai accettato dalla critica. Si ritiene comunque che Canaletto facesse della camera un uso solo preliminare – al contrario dell'adozione sistematica dello strumento da parte del nipote Bellotto – e che, come riferisce lo Zanetti nel 1771, conoscesse «i difetti che recar suole a una pittura, quando l'artefice

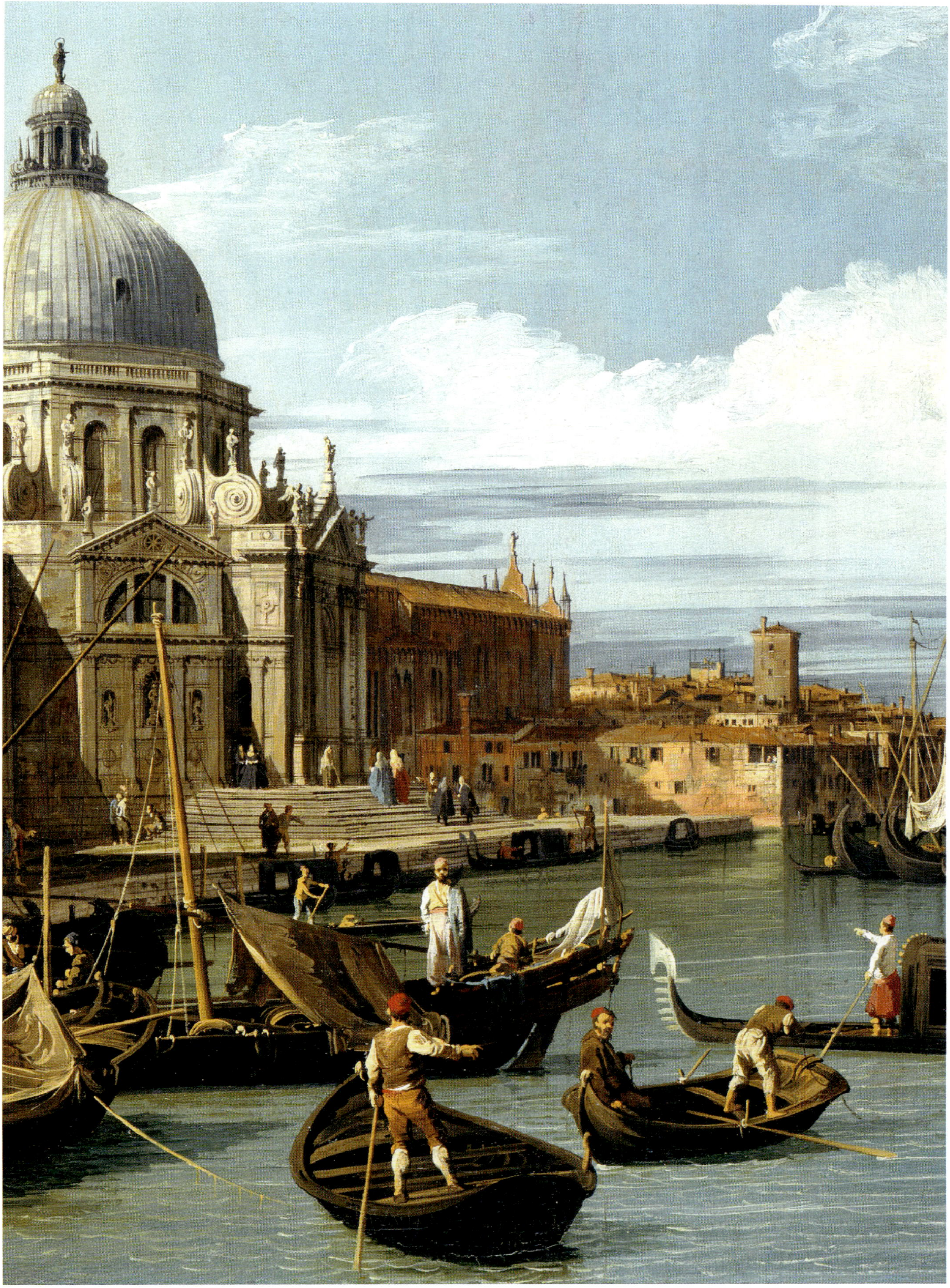

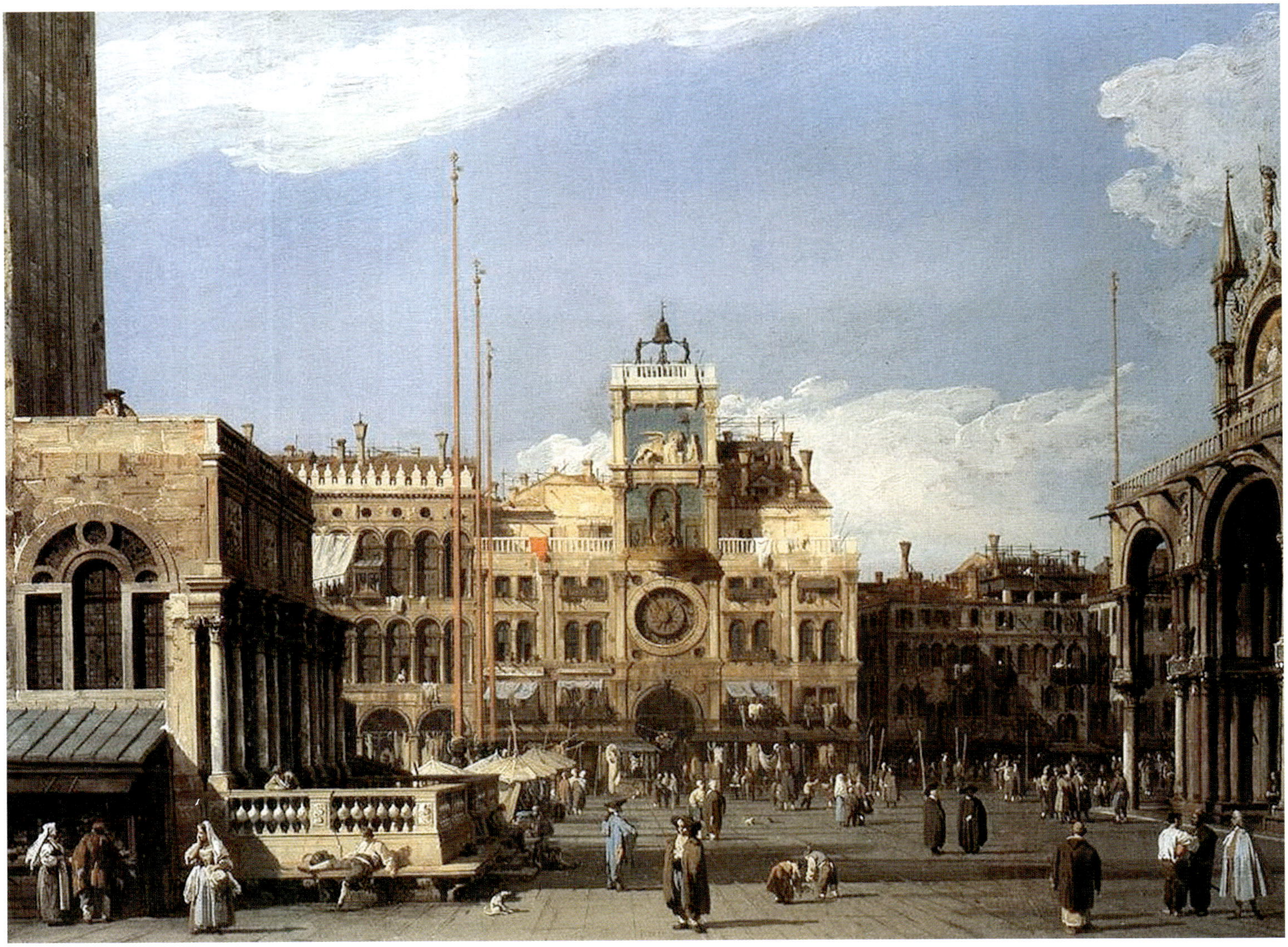

Piazza San Marco con la Torre dell'orologio *(1730 circa); Kansas City, William Rockhill Nelson Gallery of Art.*

[...] non sa levar destramente quanto può offendere il senso».

Eccezionale esempio di questo "modus operandi" è il cosiddetto *Quaderno Cagnola* conservato alle Gallerie dell'Accademia di Venezia, che contiene numerosi schizzi eseguiti «sopra il luoco» a matita e successivamente ripassati a penna. Tali schizzi, contrassegnati da una serie di scritte a volte utili all'identificazione del sito in funzione del montaggio sul dipinto («Campo S. M.a Formosa parte prima / alla sinistra verso la chiesa»), a volte recanti annotazioni su colori o situazioni particolari («sporco»), venivano poi assemblati sulla tela a comporre la veduta, conservando ovviamente i singoli punti di ripresa, non necessariamente coincidenti. Da questo procedimento di lavoro derivano in parte certe distorsioni prospettiche, certi ampliamenti innaturali che balzano all'occhio dell'osservatore attento delle vedute canalettiane. Bisogna però anche considerare che tali vedute sono il frutto del genio creativo di un artista non necessariamente interessato alla perfetta riproduzione del vero: ed ecco che a volte egli elabora – verrebbe da dire quasi "a capriccio" – certi aspetti della realtà quale si presentava ai suoi occhi.

Le vedute canalettiane costituiscono quindi un caso piuttosto curioso: l'assemblaggio di rilevamenti esatti eseguiti con il supporto della camera ottica – quelli, per intenderci, del *Quaderno Cagnola* – produce immagini che nel loro complesso non corrispondono in tutto e per tutto alla realtà. Si comprendono dunque le ragioni del serrato dibattito critico sul presunto "realismo" del Canaletto, considerato da alcuni quasi alla stregua di un precursore della fotografia – si è scritto che le sue vedute sono connotate da un «senso assoluto della verità» – mentre altri, più correttamente, ritengono che quella del Canaletto sia soprattutto una «ricerca dell'effetto di realtà». Nelle vedute canalettiane non troveremo quindi la "verità", la riproduzione perfetta – fotografica, come si è detto – della realtà quale appariva agli occhi del pittore: questo aspetto va ricercato piuttosto nell'opera dei cartografi, come per esempio nella preziosissima pianta topografica di Ludovico Ughi, data alle stampe nel 1729 e frutto di precisissime misurazioni e di rilevazioni scientifiche. Canaletto invece ritrae Venezia con un atteggiamento diverso e per certi versi più complesso: verrebbe quasi da dire, utilizzando la celebre definizione coniata da Gasparo Gozzi per Pietro Longhi, che anche Antonio vedesse la realtà «con gli occhi suoi propri».

Le opere eseguite entro il 1730 per lo Smith, a cui si è accennato, costituiscono un gruppo omogeneo di dodici vedute aventi per soggetto scorci del Canal grande. Esse furono esposte nella residenza dello stesso Smith ai Santi Apostoli, appunto su quel canale, andando così a costituire una sorta di campionario per i potenziali acquirenti, gli ospiti dello Smith. Anzi, allo scopo di far conoscere i dipinti al maggior numero possibile di amatori, lo Smith fece incidere da Antonio Visentini le vedute, aggiungendo alla serie le riproduzioni di altri due dipinti del Canaletto, raffiguranti la *Regata in Canal grande* e il *Ritorno del Bucintoro al molo il giorno dell'Ascensione* (a Windsor Castle), eseguiti verso il 1734. L'edizione delle quattordici vedute vide la luce nel 1735 in una silloge dal titolo *Prospectus Magni Canalis Venetiarum*, pubblicata da Giambattista Pasquali, fido esecutore delle operazioni editoriali dello Smith. Questa impresa fu coronata da notevole successo, tanto da spingere lo Smith, sette anni più tardi, a pubblicarne una seconda edizione con l'aggiunta di altre ventiquattro tavole, egualmente derivate dal Visentini da dipinti del Canaletto. E notevole deve essere stato anche l'effetto promozionale, se è vero che i dipinti di Canaletto furono replicati più volte per diversi acquirenti.

Contemporaneamente a questa serie per lo Smith, il Canaletto eseguì anche le tele per l'ambasciatore imperiale presso la Repubblica di Venezia, il conte Giuseppe Bolagnos, desideroso di ricordare la cerimonia della presentazione delle sue credenziali al doge, avvenuta il 29 maggio del 1729. Tale data costituisce il termine "post quem" per l'esecuzione dei due dipinti, ora

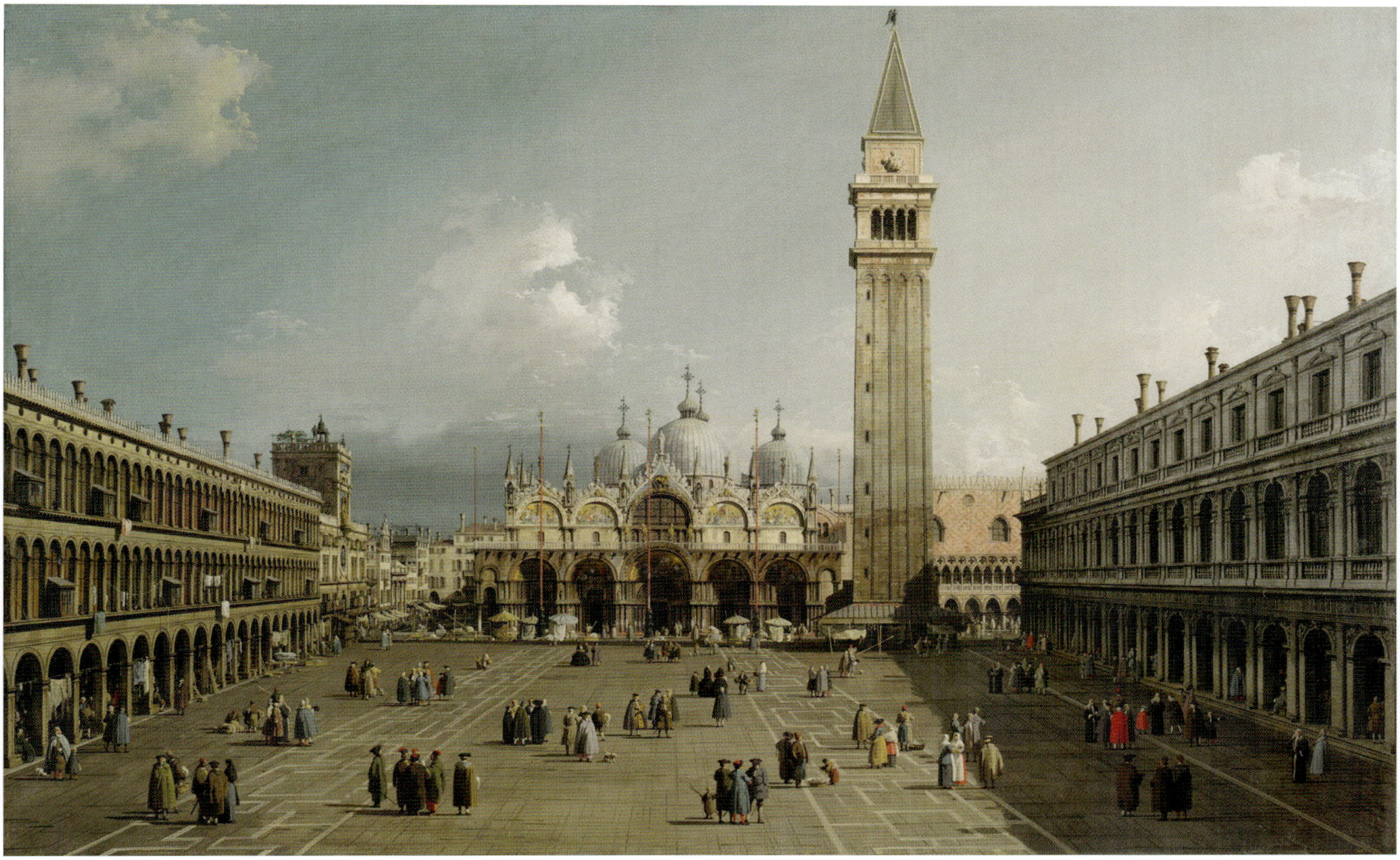

Piazza San Marco con la basilica ***(1730-1734 circa); Cambridge (Massachusetts), Harvard Art Museums, Fogg Museum.***

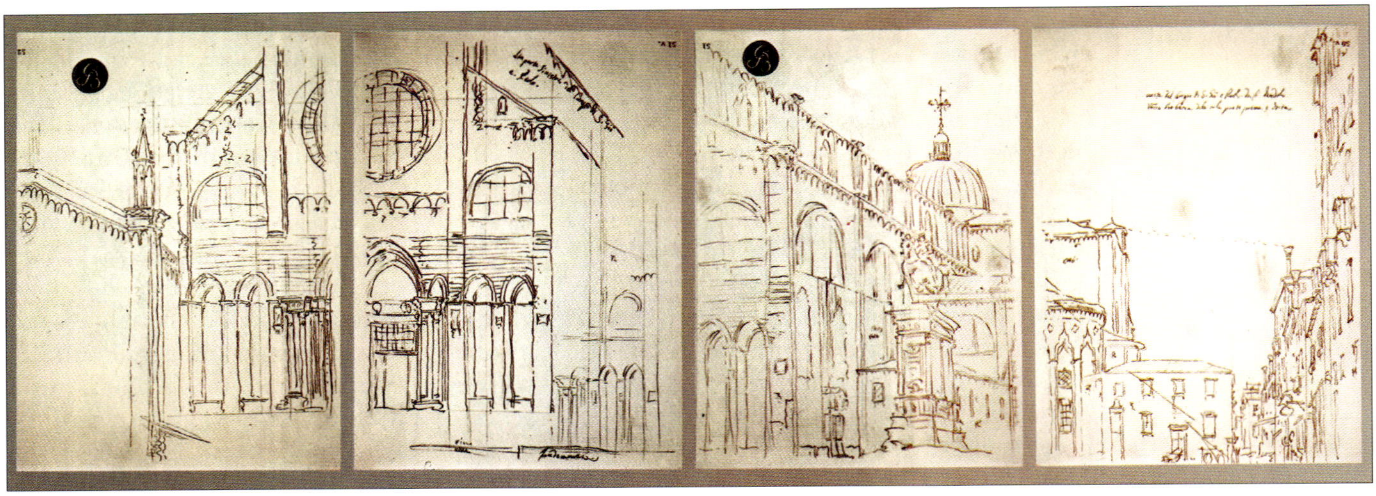

Sopra:
studi di campo Santa Maria Formosa compiuti con la camera ottica, **dal Quaderno Cagnola** ***(prima del 1730); Venezia, Gallerie dell'Accademia.***

conservati in collezione privata. Il primo di essi raffigura il *Ricevimento dell'ambasciatore imperiale a Palazzo ducale* e riprende analoghi soggetti dipinti dal Carlevarijs, di cui il più prossimo pare essere il *Ricevimento del conte di Colloredo* ora a Dresda (1726), del quale il Canaletto ripete l'impostazione scenica, distanziandosene però per la limpidezza solare della luce e la vivezza cromatica. Il secondo rappresenta

Sotto:
Campo Santa Maria Formosa ***(1735-1740); disegno, Windsor, Windsor Castle, Royal Collection.***

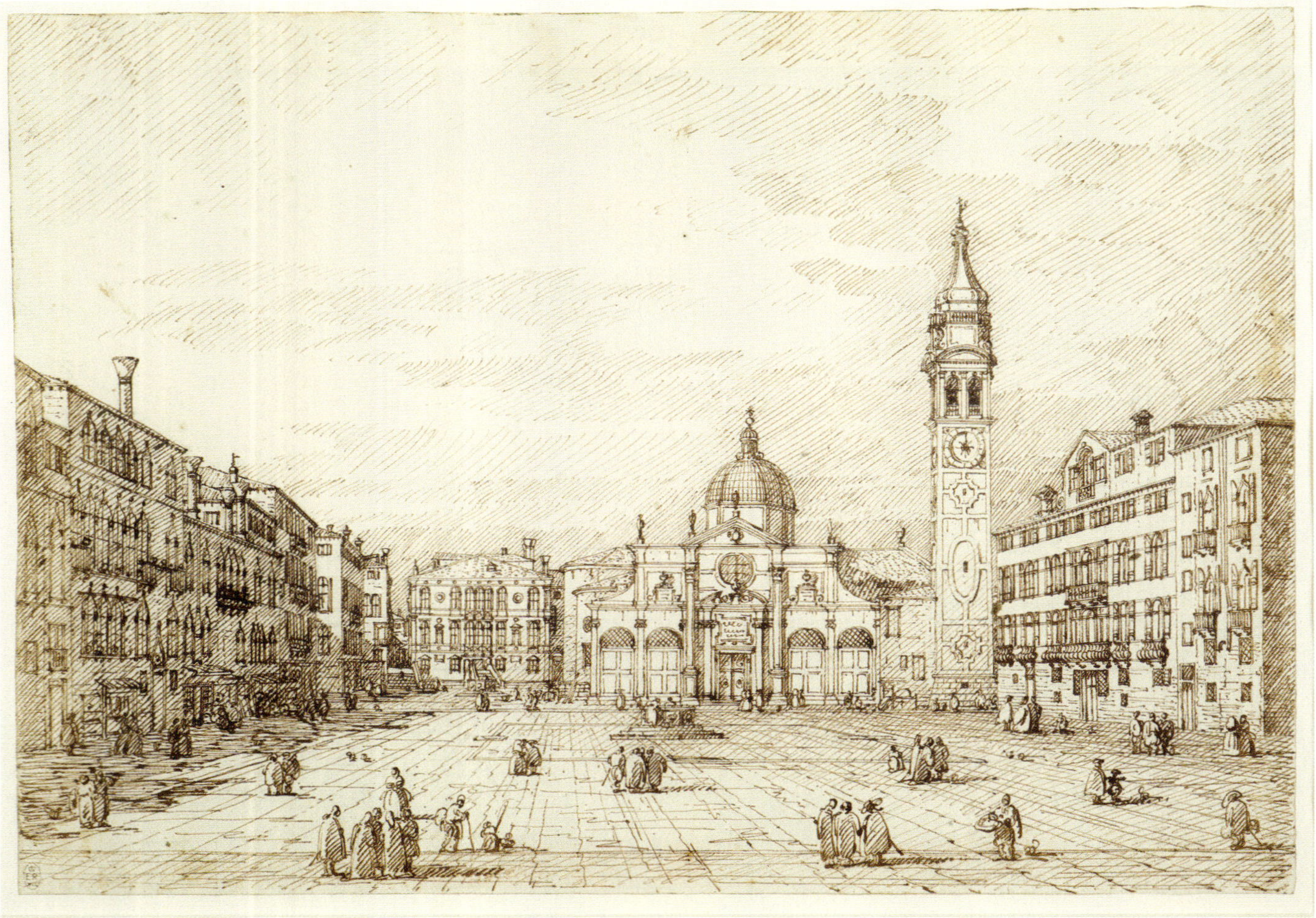

Campo Santa Maria Formosa
prima del 1735;
Woburn,
Woburn Abbey

invece il *Ritorno del Bucintoro al molo il giorno dell'Ascensione* e va considerato uno dei più alti raggiungimenti canalettiani in assoluto. Qui la pittura è limpida, intrisa di luce e la pennellata appare sciolta, precisa nella descrizione dei particolari più minuti delle barche da parata e delle animatissime figurette che costituiscono il variopinto corteo in attesa di seguire la nave dogale verso San Nicolò del Lido. Si è discusso se questi dipinti costituiscano l'esordio del Canaletto nel campo specifico della rappresentazione di cerimonie pubbliche, o se piuttosto non siano preceduti da quelli di simile soggetto eseguiti in ricordo del ricevimento dell'ambasciatore francese Jacques-Vincent Lanquet, conte de Gergy, avvenuto il 4 novembre del 1726. Questi ultimi dipinti, infatti, conservati all'Ermitage di San Pietroburgo e al Museo Puškin di Mosca, risultano, sulla base di riscontri oggettivi, certamente databili nello stesso torno di tempo delle vedute commissionate dal conte di Bolagnos: non è da escludere quindi che si tratti delle repliche aggiornate – certo autografe, data l'alta qualità pittorica – delle tele dipinte nel 1726 (documentate come già completate nella citata corrispondenza Marchesini-Conti) per il conte de Gergy e successivamente andate perdute.

Nella doppia pagina seguente:
Regata nel Canal grande
(1734 circa),
Windsor,
Windsor Castle,
Royal Collection.

Ricevimento dell'ambasciatore francese Jacques-Vincent Languet, conte di Gergy a Palazzo ducale
(dopo il 1728-1729);
San Pietroburgo,
Ermitage.

Ritorno del Bucintoro al molo nel giorno dell'Ascensione
(1728-1729);
Mosca,
Museo statale di belle arti A. S. Puškin.

Ritorno del Bucintoro al molo il giorno dell'Ascensione
(1734 circa);
Windsor,
Windsor Castle,
Royal Collection.

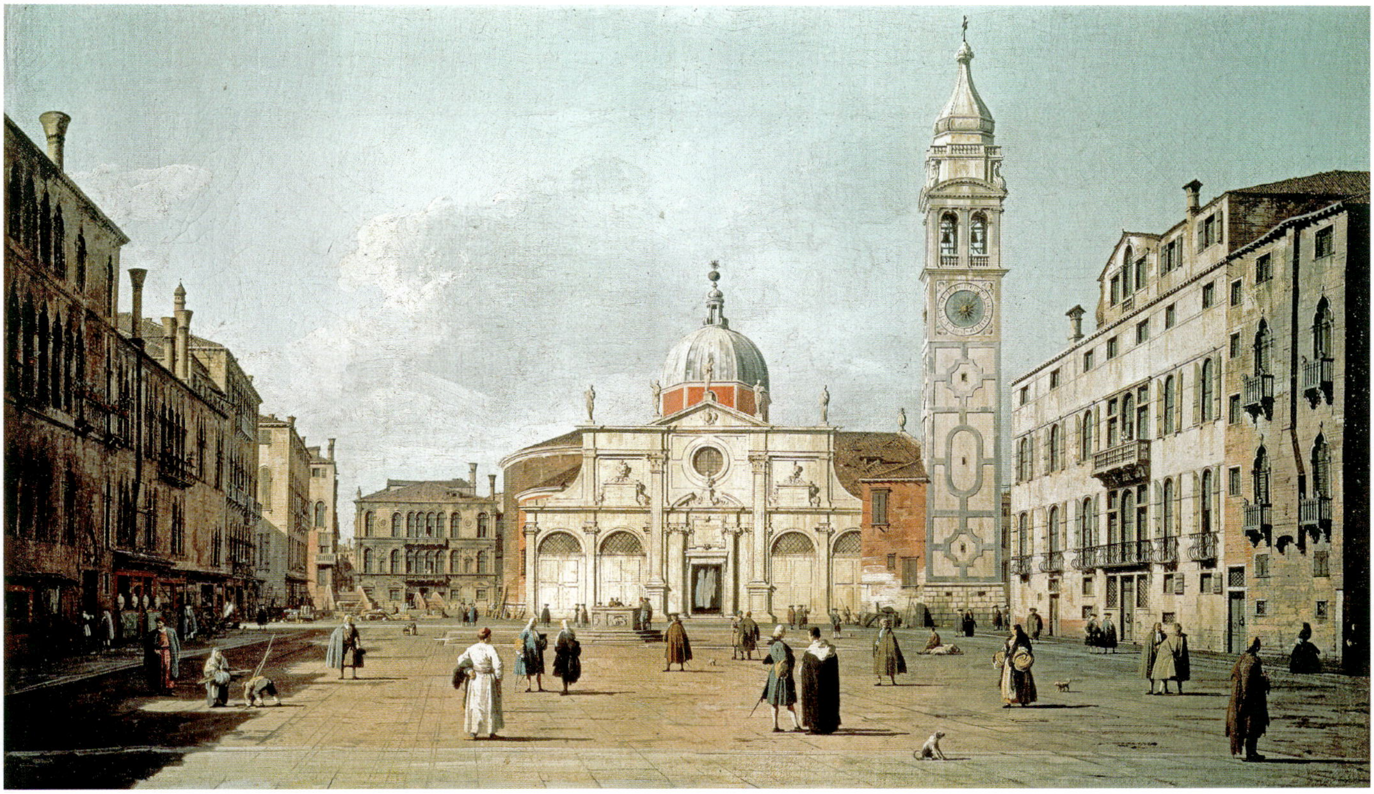

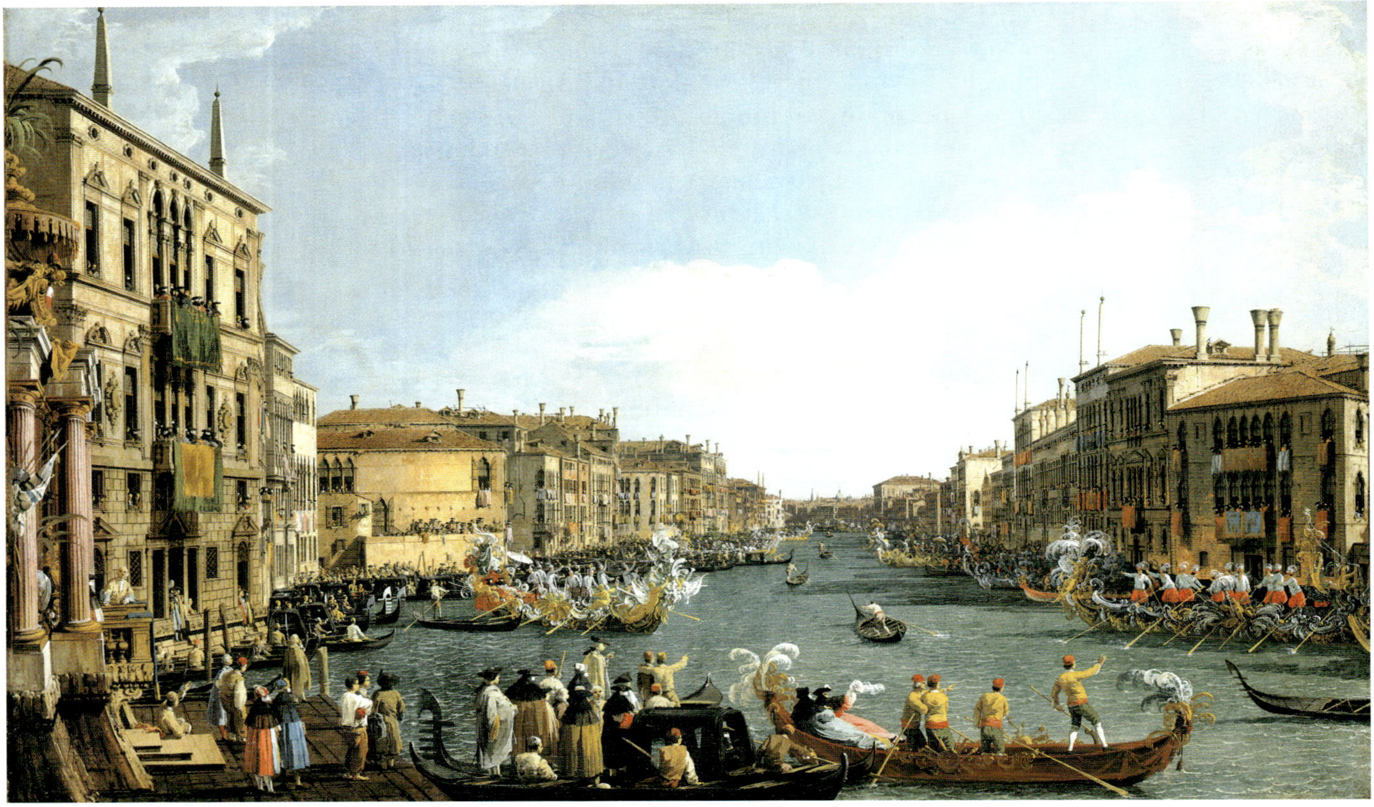

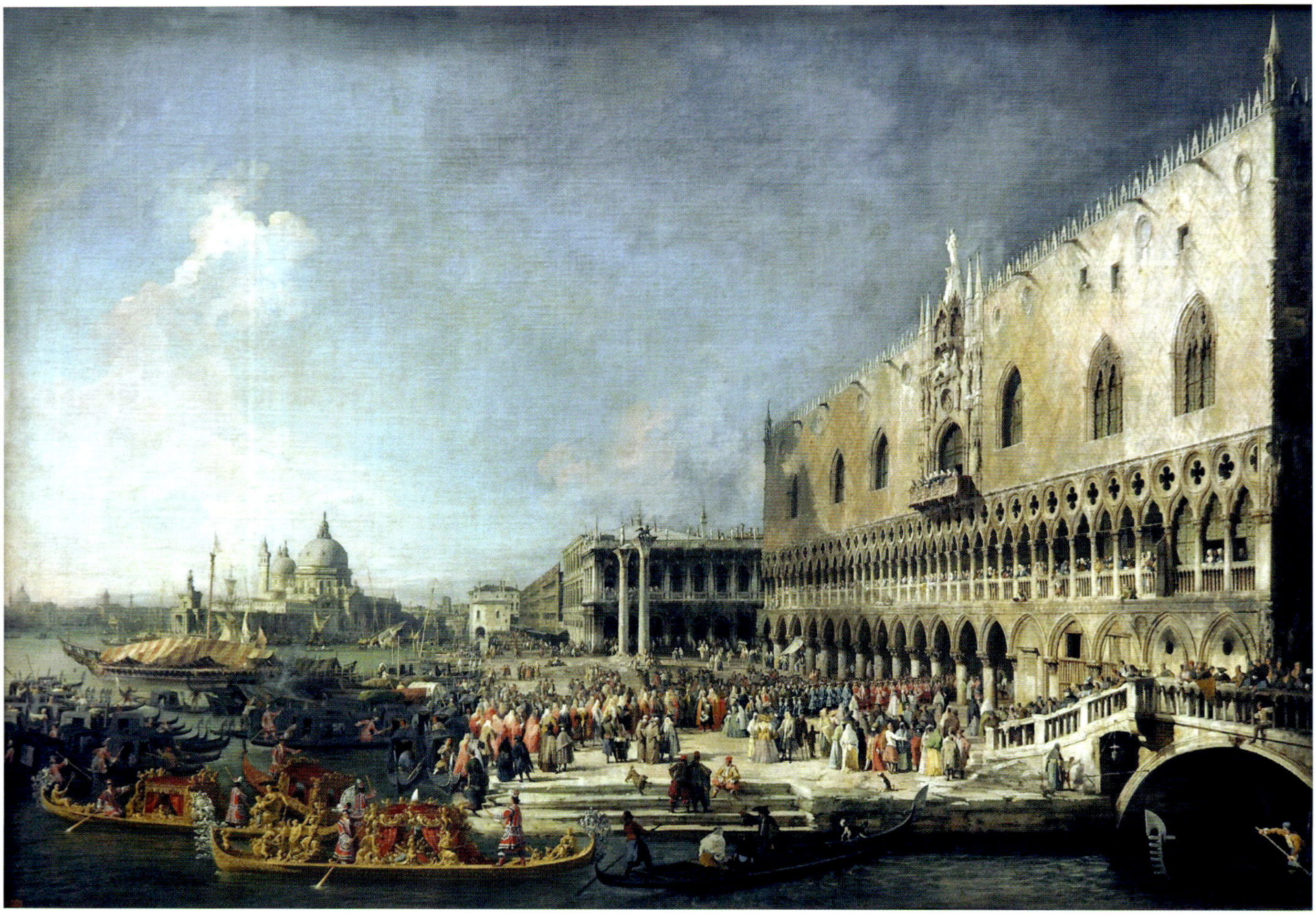

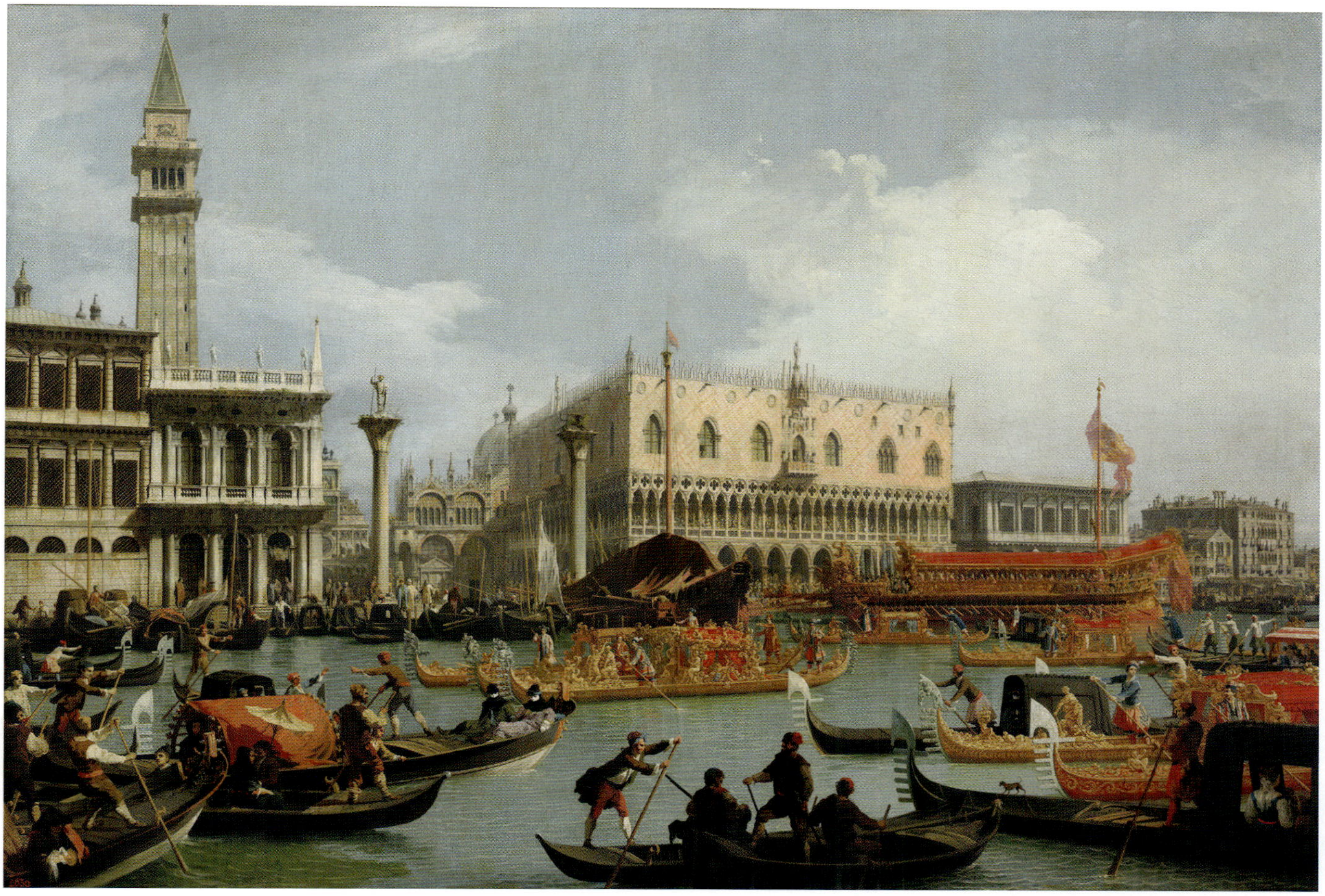

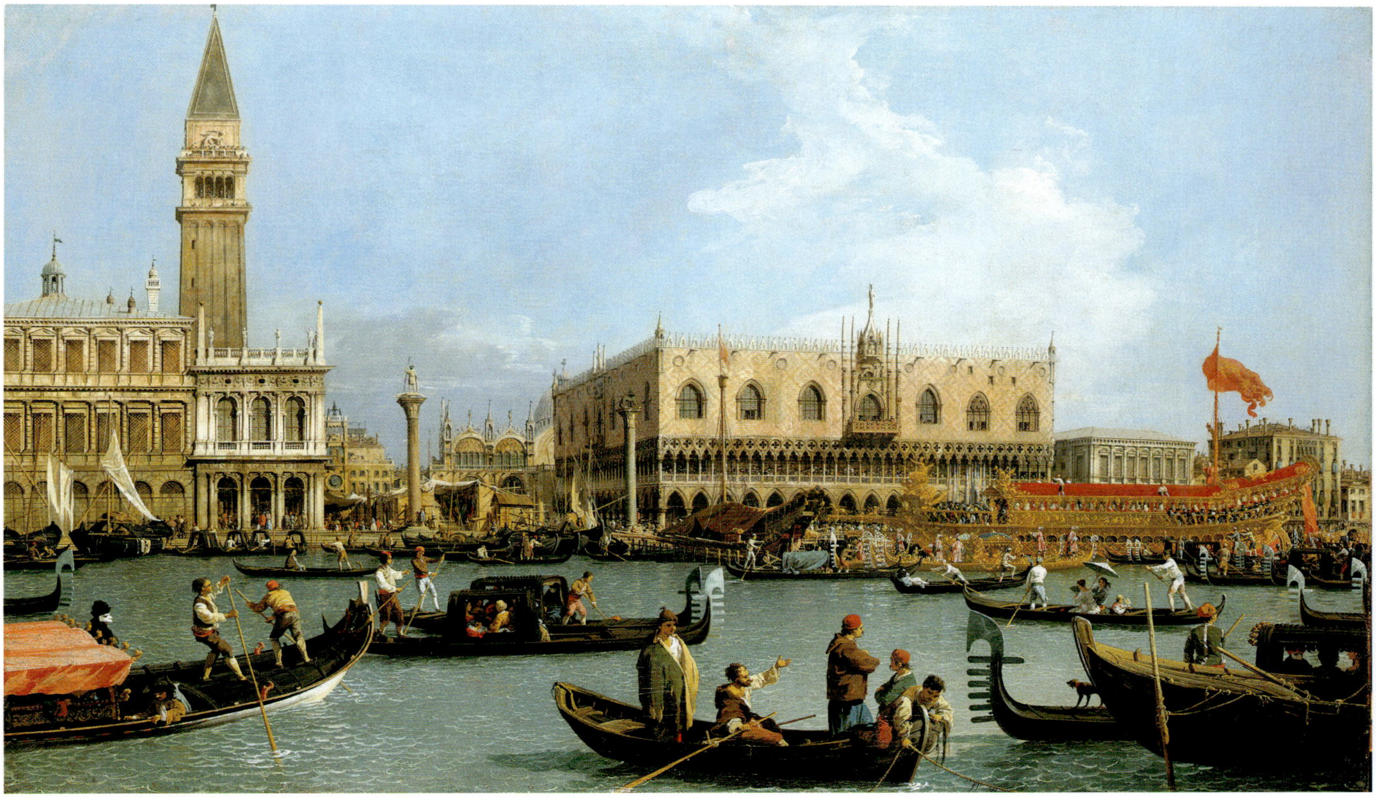

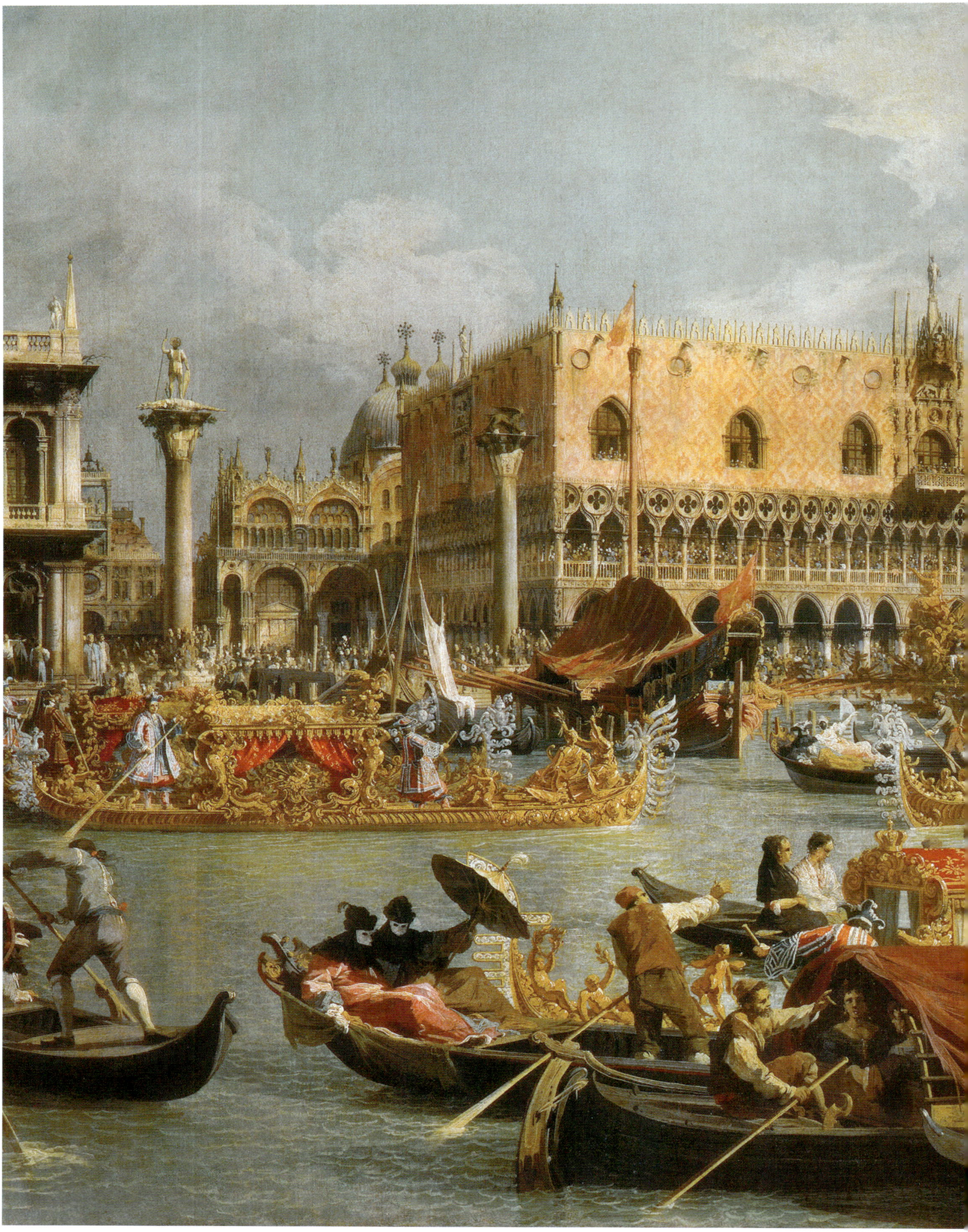

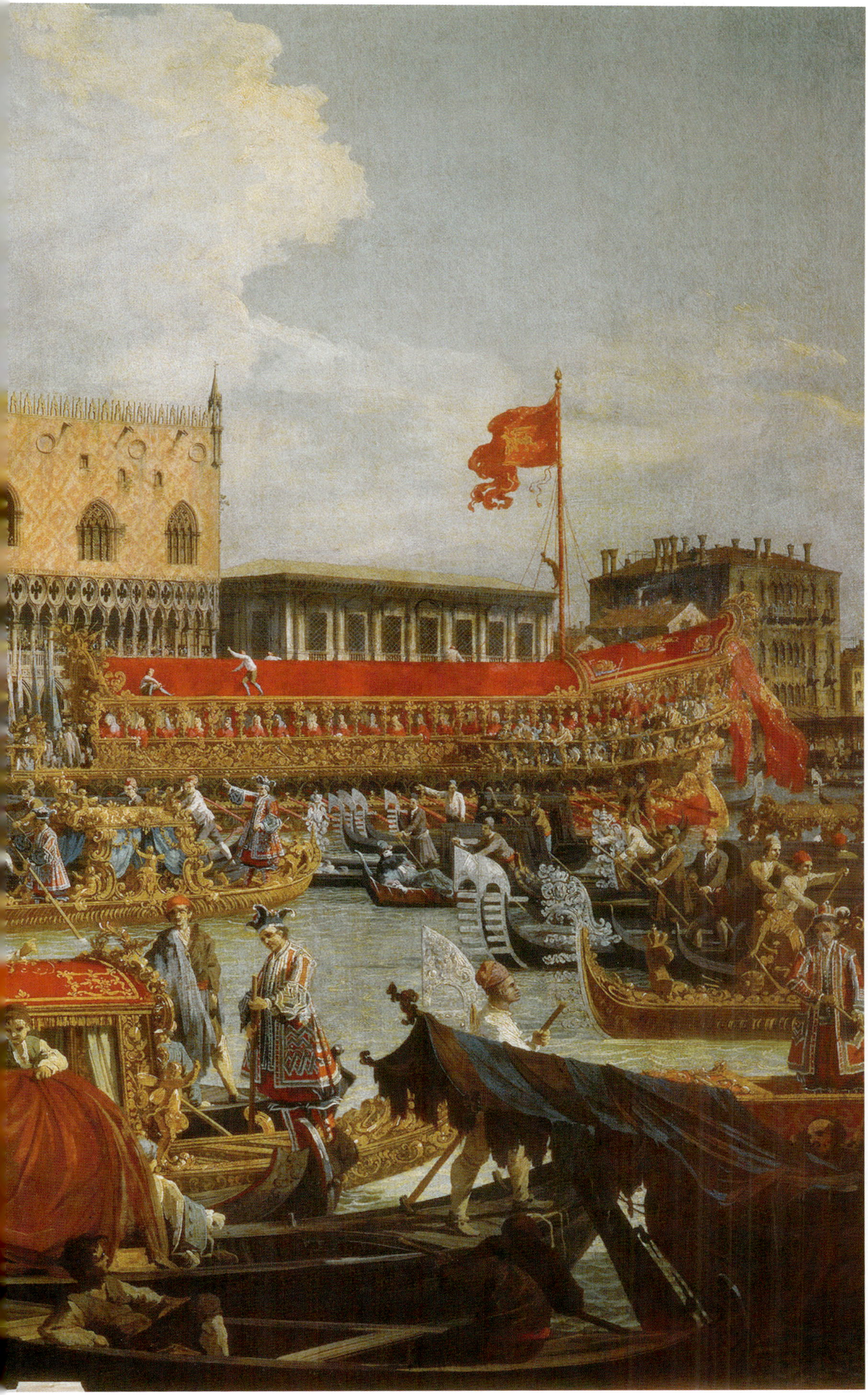

Ritorno del Bucintoro al molo il giorno dell'Ascensione *(1729)*.

Il Bucintoro era una nave a remi riccamente decorata con ori e bassorilievi sulla quale il doge di Venezia saliva ogni anno nel giorno dell'Ascensione per celebrare la cerimonia dello "sposalizio del mare". Giunto al porto di San Nicolò di Lido, gettava in acqua un anello recitando le seguenti parole: «Ti sposiamo, o mare nostro, in segno di vero e perpetuo dominio». L'evento intendeva rievocare il giorno dell'Ascensione dell'anno Mille, quando il doge Pietro Orseolo II, salpando da Venezia per conquistare le città dell'Istria e della Dalmazia, aveva aperto il cammino che avrebbe portato la Repubblica a dominare sull'Adriatico. L'etimologia della parola bucintoro è incerta. Forse deriva dal greco "bukéntauros" (centauro bovino), riferibile alla figura mostruosa scolpita a poppa dell'imbarcazione.

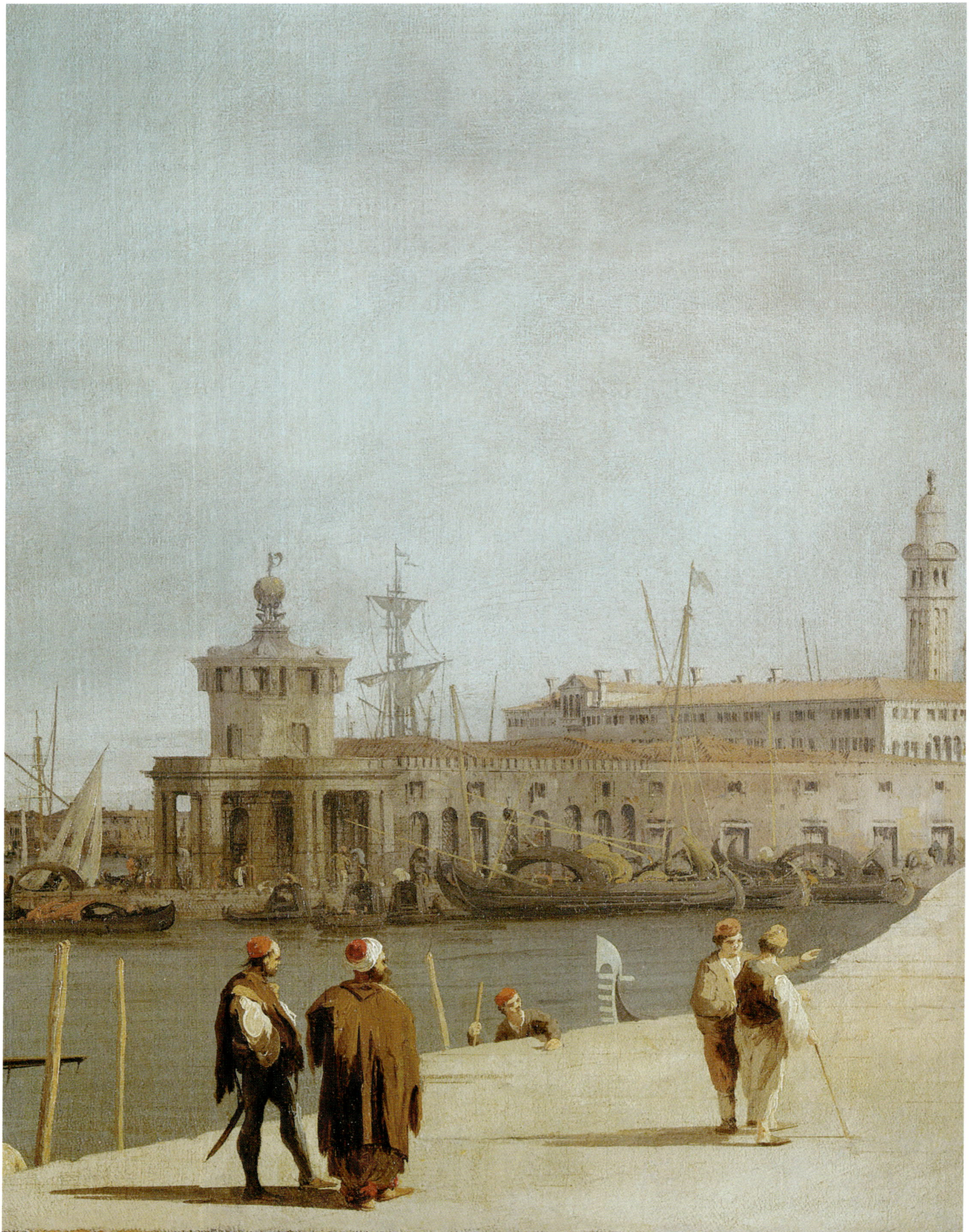

IL BURBERO PROLIFICO

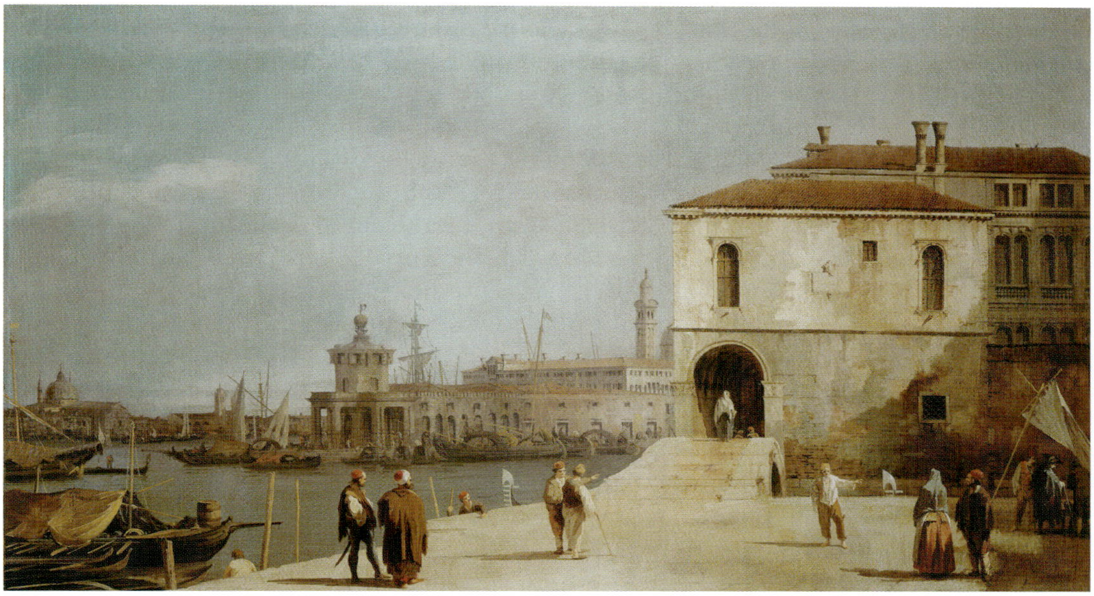

Negli anni tra la fine del terzo e l'inizio del quarto decennio del Settecento vanno datati altri superbi capolavori.

Qui sopra e nella pagina a fianco:* Fonteghetto della farina *(1740), intero e particolare.

Tra essi *Il laboratorio del tagliapietre* della National Gallery di Londra, già proprietà di sir George Beaumont, che mostra gli scalpellini al lavoro nel campo San Vidal in un'abbacinante luce solare e, al di là del Canal grande non ancora attraversato dal ponte dell'Accademia, gli edifici della Scuola e della chiesa di Santa Maria della Carità, quest'ultima affiancata dallo snello campanile crollato nel 1741. Del 1740 è il *Fonteghetto della farina* di collezione privata a Venezia, eseguito probabilmente per il letterato e bibliofilo veneziano Giovan Battista Recanati, che mostra in un'immagine di straordinaria luminosità l'edificio destinato a divenire – a partire dal 1750 – la prima sede dell'Accademia di pittura e scultura (ora ospita la Capitaneria di porto). Immagine questa di notevole interesse anche topografico, dato che mostra un sito profondamente modificato nel primo Ottocento, quando venne costruita l'elegante "coffee house" di Lorenzo Santi e venne soppresso il ponte che, scavalcando il rio della Luna, conduceva, attraverso le arcate dell'edificio del Fonteghetto, alla calle Vallaresso, ottenendo così di isolare, da questo lato, l'area marciana da quella di San Moisè. Solo successiva è la creazione della stretta fondamenta attuale, servita da un nuovo ponte in posizione esterna rispetto al Fonteghetto.

Negli anni Trenta Canaletto ottenne altre numerose committenze dal mondo inglese: basti ricordare le ventidue vedute per il duca di Bedford, ora a Woburn Abbey, le quattro per William Holbech a Farnborough Hall, disperse nel 1930, le sei per Francis Scott, secondo duca di Buccleuch, che ripetono temi già trattati nelle tele per lo Smith, e le diciassette per il conte di Carlisle a Castle Howard, in parte alienate prima del secondo conflitto mondiale. Le vedute dipinte per il duca di Bedford, databili entro il 1735, hanno per soggetto i luoghi più celebri di Venezia, dalla piazza San Marco al Canal grande; ma alcune sono anche dedicate a siti urbani meno noti. Tra queste ultime va annoverata la limpida veduta dell'*Ingresso dell'Arsenale* che mostra, a destra del rio che immette nelle darsene, il cinquecentesco oratorio della Madonna, demolito dai francesi nel 1809; oppure quella di *Campo Santa Maria Formosa,* con la chiesa di Mauro Codussi che costituisce il perno di una veduta grandangolare, che amplia innaturalmente lo spazio reale; o ancora quella con *Campo San Rocco,* dove la cinquecentesca facciata della Scuola resa celebre dal ciclo pittorico di Tintoretto ha la medesima funzione della chiesa codussiana nella veduta precedente.

Non è certo se il committente dei dipinti del Canaletto giunti nel primo Settecento a Castle Howard sia stato il terzo conte di Carlisle, Charles Howard, che impiegò nella decorazione della sua grandiosa dimora artisti veneziani quali Jacopo Amigoni, Giannantonio Pellegrini e Marco Ricci, o suo figlio, il quarto conte del nome. Tra le numerose opere canalettiane un tempo conservate a Castle Howard sono da annoverare alcuni dei massimi capolavori dell'artista: tra questi la sensazionale, che dal 1939 fa parte delle collezioni del Museum of Fine Arts di Boston. È una veduta panoramica, ripresa con più punti di vista simultanei da posizioni sopraelevate all'altezza della punta della Dogana. Eccezionalmente ampia, si estende dall'estremità orientale della Giudecca, a destra, fino ai Granai di Terranova a sinistra. Una forte luce la inonda. Le acque del bacino sono solcate da imbarcazioni di ogni tipo, popolate da numerosissime macchiette; la sfilata delle architetture è descritta nei particolari, con estrema cura, tant'è che la presenza del nuovo campanile della chiesa di Sant'Antonin permette di datare con buon margine di sicurezza il dipinto al 1738 circa. Sempre da Castle Howard provengono le vedute della *Basilica e Palazzo ducale* e dell'*Ingresso del Canal grande dal bacino di San Marco* ora a Washington, altri splendidi esempi dell'arte matura di Canaletto.

Un altro nucleo importante di opere canalettiane risalenti al quarto decennio del Settecento è quello costituito dalle ventuno vedute acquistate a Venezia nel medio Ottocento dall'ultimo duca di Buckingham e Chandos; alla sua morte le tele sono entrate per via ereditaria a far parte della collezione Harvey di Langley Park e sono andate disperse negli anni Cinquanta. Nove di esse sono state incise dal Visentini e appaiono nell'edizione del 1742 del *Prospectus*: da ciò la credibile ipotesi che anche questo gruppo di vedute abbia fatto parte della collezione Smith. Molte delle tele già Buckingham sono rientrate in Italia e dieci si trovano in collezione privata a Milano: tra queste, alcuni eccezionali capolavori, quali la veduta di *Campo Santi Apostoli,* dominata dall'alto campanile secentesco che già mostra l'elegante cella campanaria

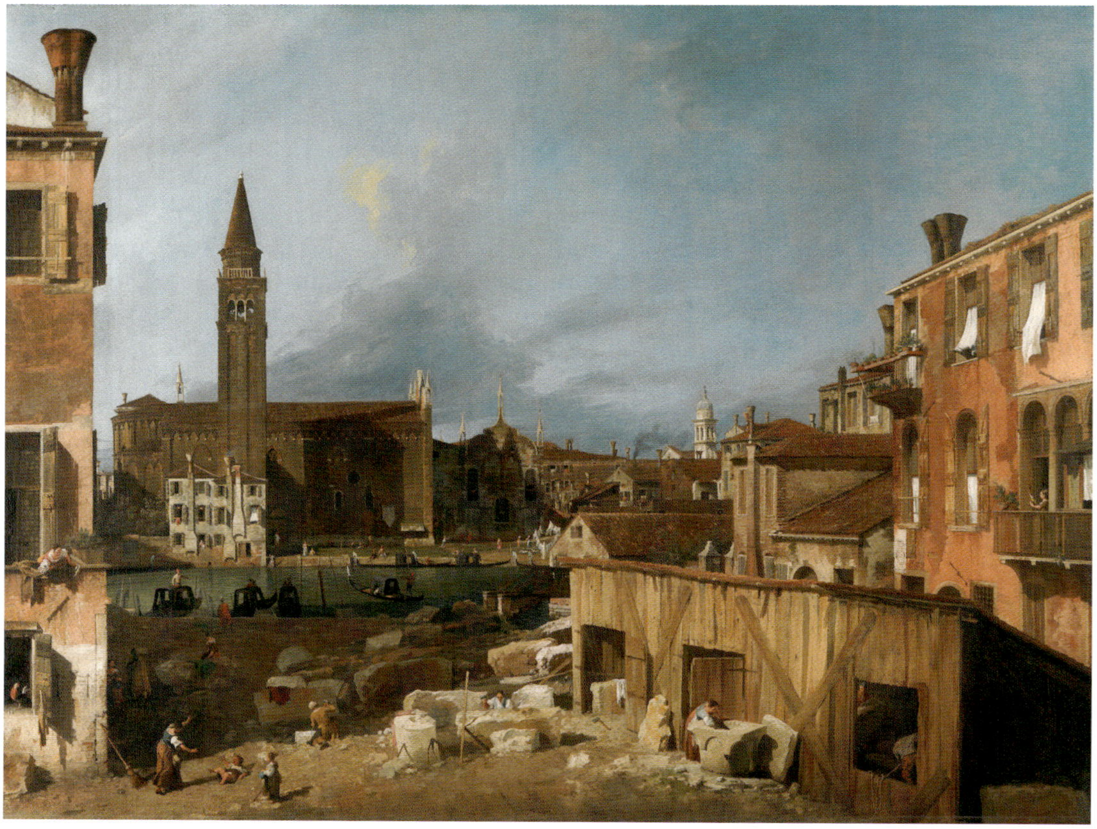

A destra e nella pagina a fianco: Il laboratorio del tagliapietre (1730 circa), intero e particolare; Londra, National Gallery.

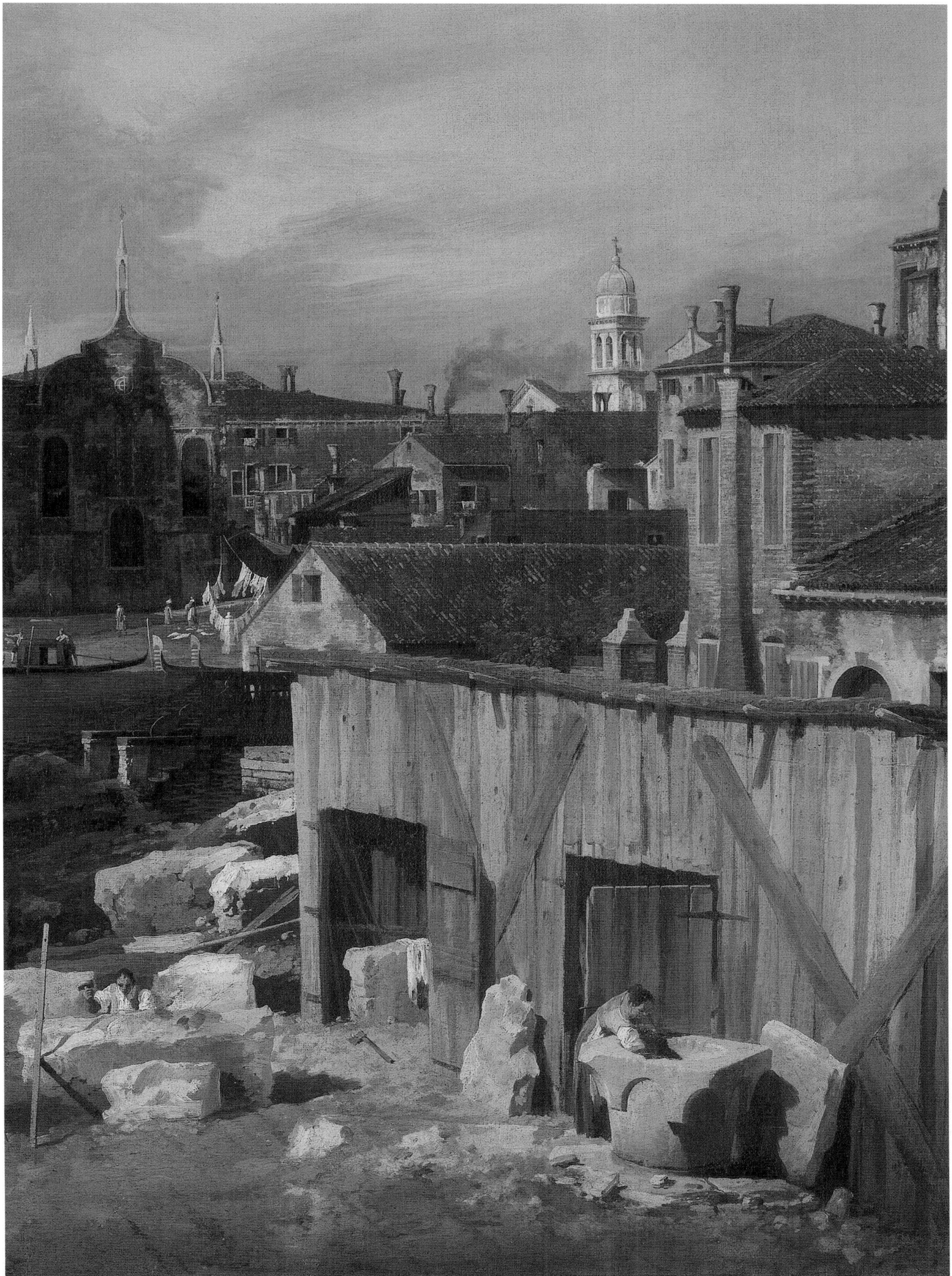

Dall'alto:
Canal grande, fra palazzo Bembo e palazzo Vendramin *(prima del 1735); Woburn (Gran Bretagna), Woburn Abbey Art Museum.*

Ingresso dell'Arsenale *(prima del 1735); Woburn (Gran Bretagna), Woburn Abbey Art Museum.*

Campo San Rocco *(prima del 1735); Woburn (Gran Bretagna), Woburn Abbey Art Museum.*

Tra le molte opere eseguite per committenti inglesi si contano ventidue vedute dipinte da Canaletto per il duca di Bedford. Se in gran parte si tratta di opere che restituiscono l'immagine di alcuni dei più famosi luoghi di Venezia, per esempio qualche celebre tratto del Canal grande, non mancano dipinti dedicati a zone più appartate e meno conosciute, come l'Arsenale, campo Santa Maria Formosa o campo San Rocco.

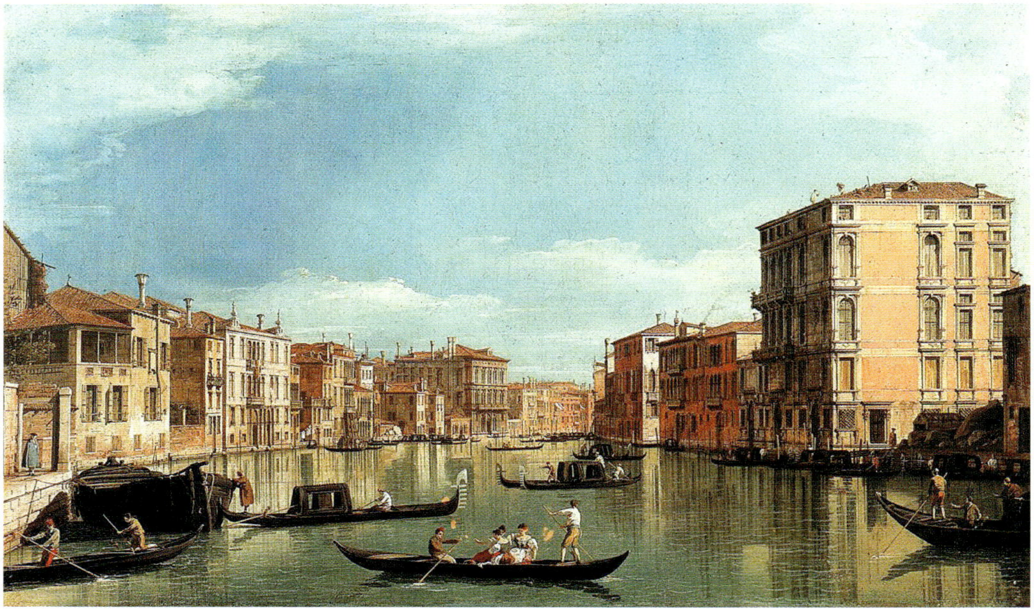

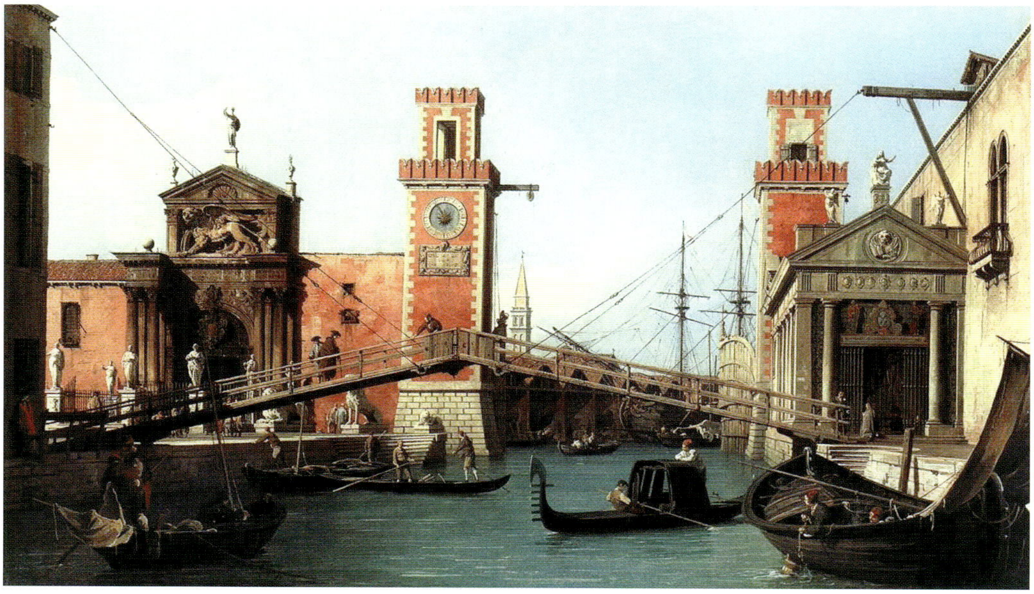

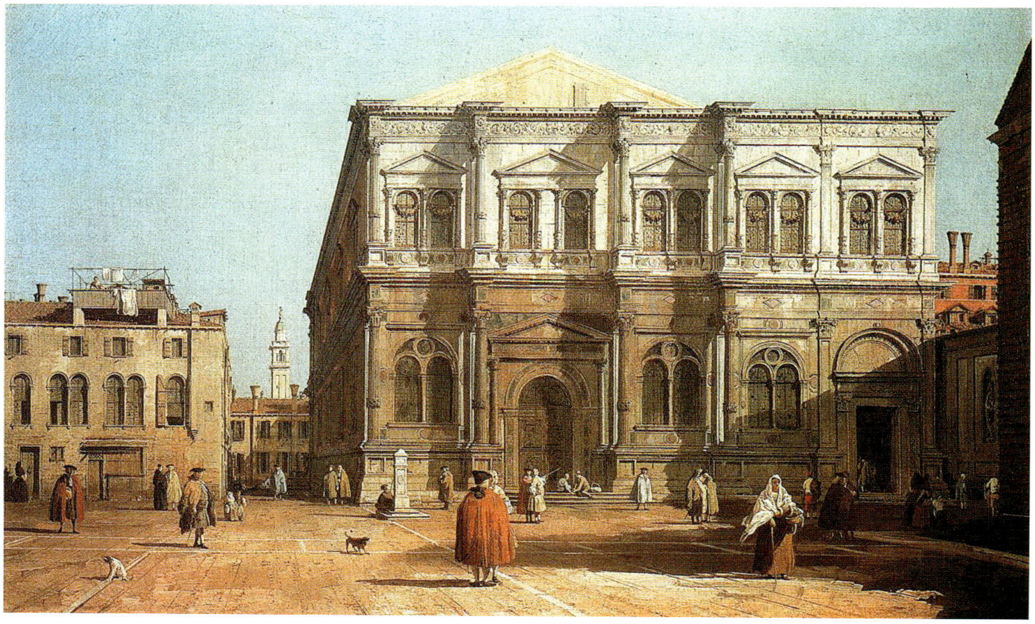

A destra:
La Piazzetta verso il bacino di San Marco ***(1735 circa); Roma, Galleria nazionale d'arte antica di palazzo Barberini.***

In basso:
Piazza San Marco ***(1742-1744); Washington, National Gallery of Art.***

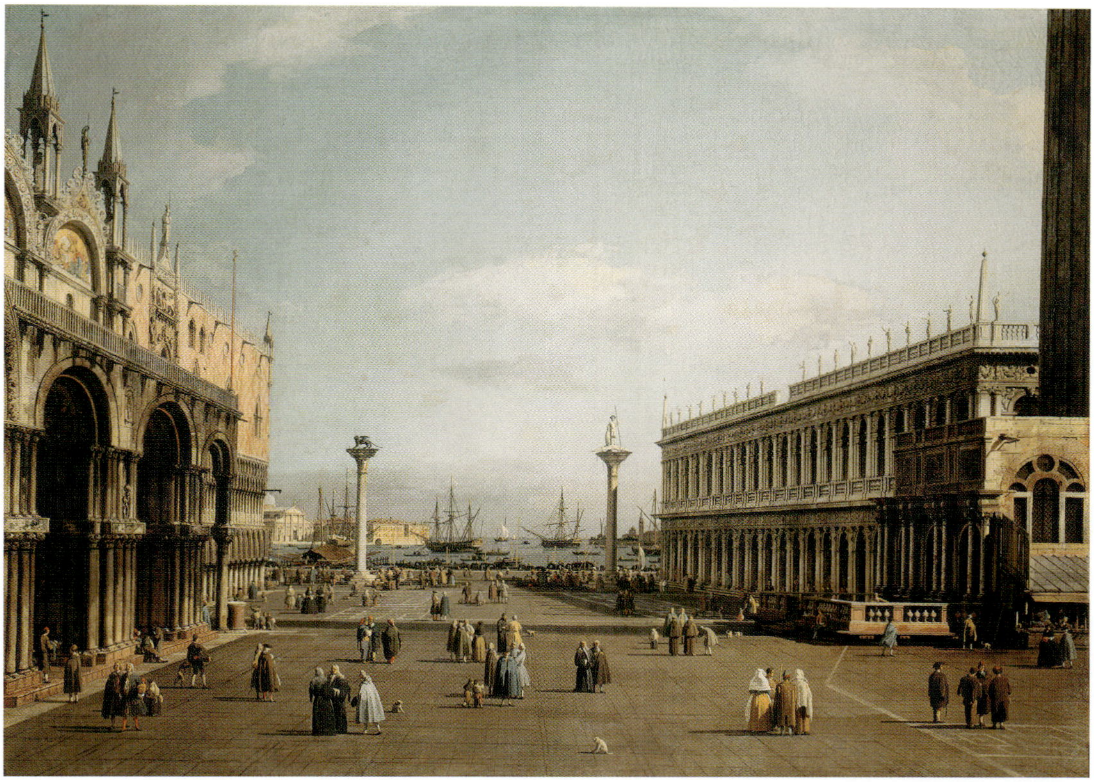

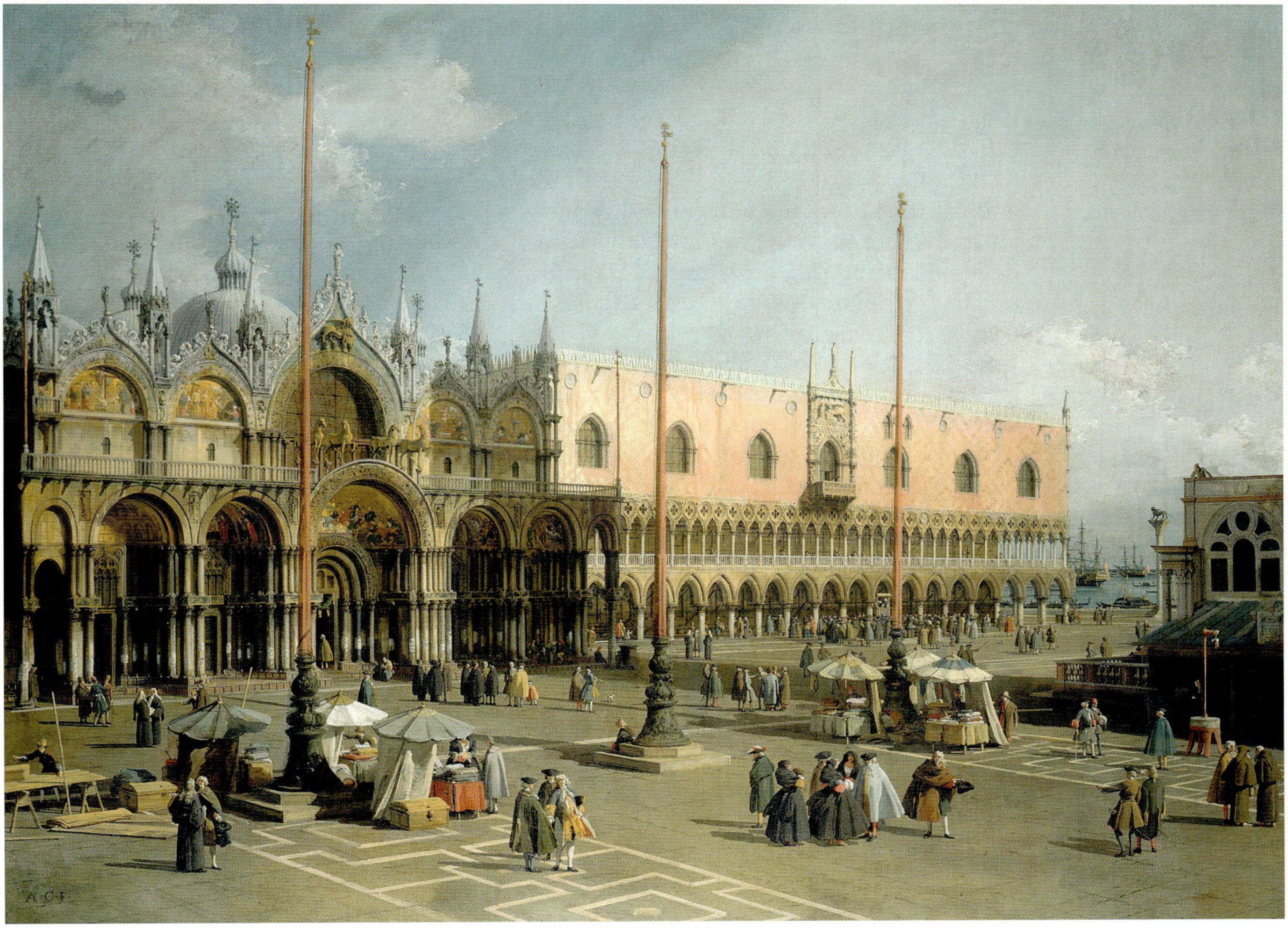

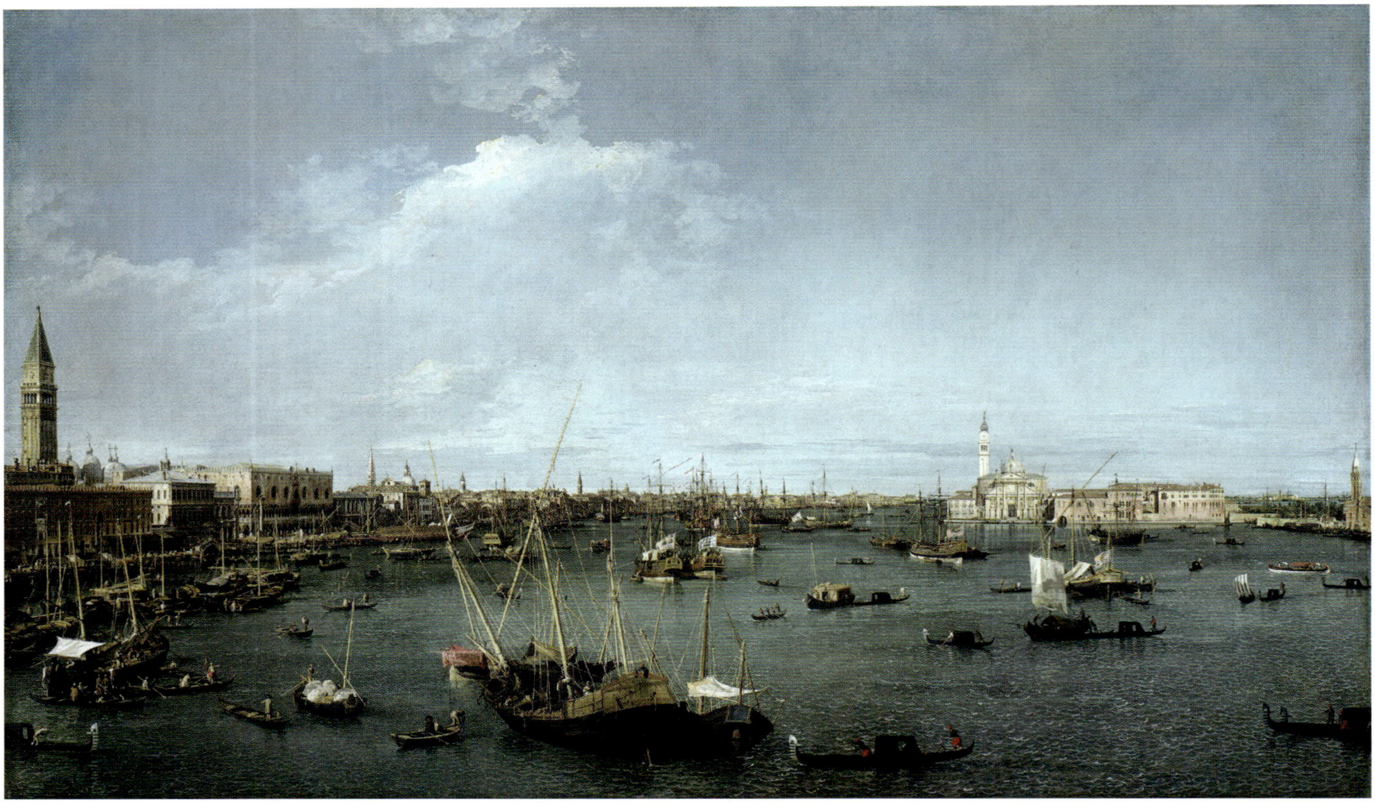

Qui sopra
e pagina a fianco:
Veduta del bacino di San Marco *(1738 circa),* *intero e particolare;* *Boston,* *Museum of Fine Arts.*

messa in opera all'inizio del Settecento su disegno di Andrea Tirali. Questo dipinto può essere ritenuto emblematico del modo canalettiano di impostare la veduta. In esso il pittore non si attiene alle regole prospettiche tradizionali, che prevedevano l'uso di un solo punto di fuga, ma ne utilizza addirittura tre, da due punti di vista simultanei. Ciò comporta l'anomala "apertura" delle quinte laterali, costituite a destra da una casa d'abitazione tardocinquecentesca o secentesca e a sinistra dal ponte dei Santi Apostoli, dall'edificio della Scuola dell'Angelo Custode e, più oltre, dalla sfilata degli edifici tardocinquecenteschi che, nella realtà, sono perfettamente perpendicolari alla facciata della chiesa. Un gioco quindi di scomposizione e rimontaggio dei dati reali che ritroviamo costantemente nelle vedute di Canaletto: per esempio in quella della stessa serie con San Giuseppe di Castello, che mostra gli edifici – tra cui l'antica chiesa di San Nicolò (in secondo piano) – che insistevano sull'area dove nel primo Ottocento Giannantonio Selva disegnerà i Giardini napoleonici.

Stilisticamente assai prossime al gruppo già Buckingham sono anche le quattro limpide vedute conservate nella Galleria nazionale d'arte antica a Roma, con *La Piazzetta verso il bacino di San Marco*, *Piazza San Marco verso San Geminiano*, *Canal grande dal ponte di Rialto verso Ca' Foscari* e *Ponte di Rialto da sud*: tutti temi già affrontati in opere giovanili, ma ora rielaborati sulla base di una luminosità abbagliante che tutto pervade.

Alla metà del quarto decennio risale anche un altro capolavoro indiscusso del Canaletto, la celebre *Festa di San Rocco* della National Gallery di Londra. Il dipinto ricorda l'annuale visita alla chiesa votiva che il doge compiva il giorno della festa del santo titolare – il 16 agosto – quando in campo San Rocco venivano anche esposte al pubblico opere degli artisti veneziani iscritti alla "fraglia" dei pittori. Non conosciamo il committente del dipinto canalettiano: l'unica indicazione in tal senso proviene da un catalogo di un'asta tenutasi a Londra nel 1804, dove la sua provenienza è indicata «dal Vaticano». Anche questa è una veduta di eccezionale luminosità, dove le figure del doge, degli ambasciatori e dei senatori che escono in corteo dalla chiesa sono descritte con grande nitidezza; e così i particolari delle architetture, dove si notano perfino i ganci utilizzati per appendere i festoni. Curiosamente, nessuno dei dipinti esposti sulla facciata della Scuola e sulle case a sinistra è identificabile, neppure quello – il primo a

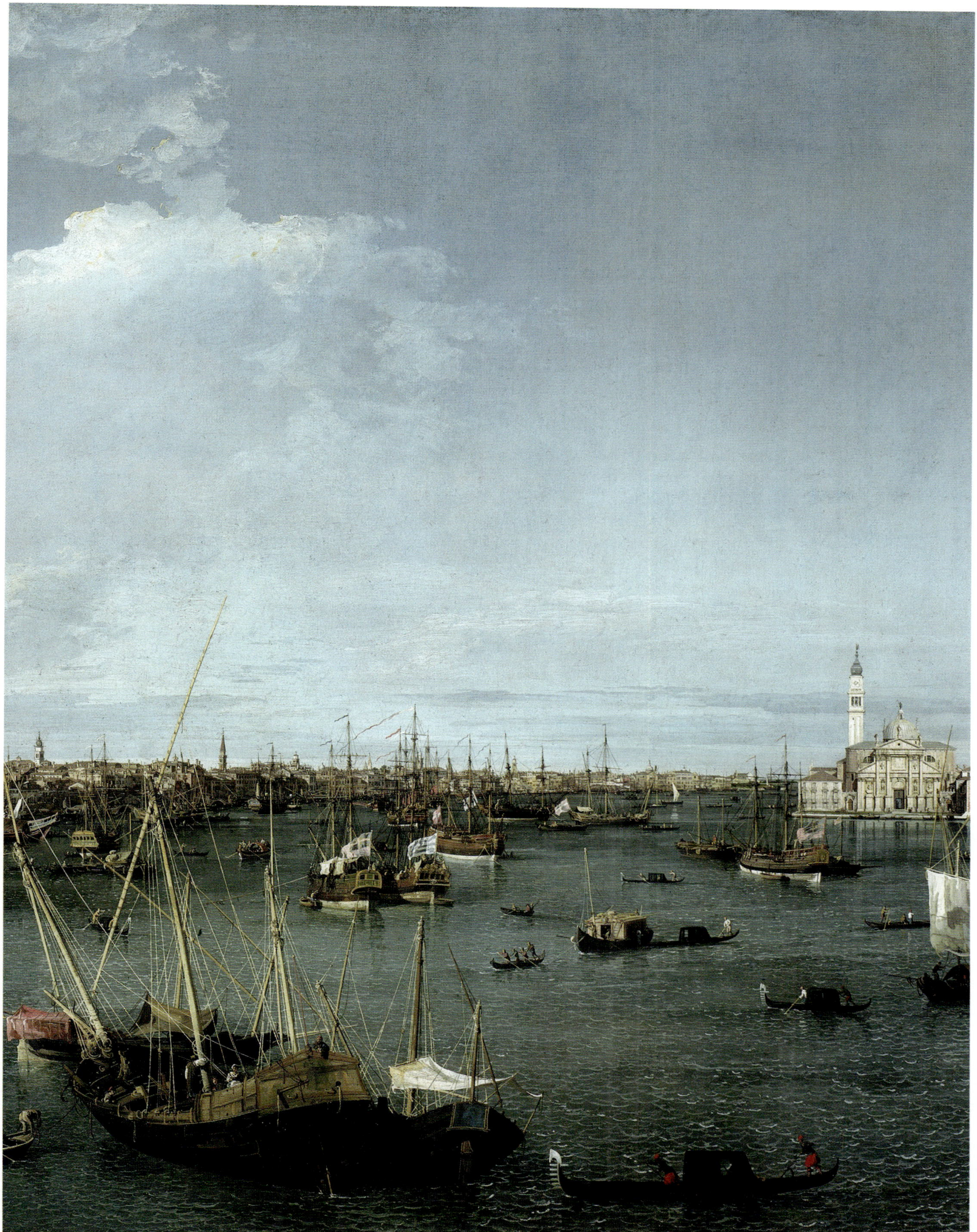

Festa di San Rocco (1735 circa); Londra, National Gallery.

Il dipinto rappresenta la cerimonia annuale, con la quale il doge di Venezia e gli altri rappresentanti del potere cittadino ricordavano la fine della peste del 1576, liberazione che il popolo attribuiva all'intervento miracoloso di san Rocco. La facciata della Scuola grande di San Rocco e i muri delle case adiacenti appaiono ornati da dipinti non identificabili.

destra – che è stato erroneamente ritenuto in passato la riproduzione di quella veduta giovanile dello stesso Canaletto raffigurante il *Campo dei Santi Giovanni e Paolo*, che venne acquistata dall'ambasciatore imperiale e ora si trova a Dresda: quasi che il Canaletto si fosse sdegnosamente rifiutato di dare spazio, nel suo dipinto, ad altri artisti.

Del resto, Canaletto non deve essere stato un personaggio di carattere facile. Anzi, le testimonianze di quanti ebbero a trattare con lui ci inducono a crederlo un tipo scontroso, assai esoso, poco propenso a dimostrarsi disponibile perfino nei confronti dei committenti. Owen McSwiney, per esempio, scrisse nel 1727 al duca di Richmond: «Il tipo è difficilissimo e non fa che cambiare i prezzi ogni giorno; e se si vuole avere un quadro, occorre stare ben attenti a non farglielo capire troppo perché si rischia di rimetterci, sia nel prezzo che nella qualità». E lo stesso tre anni dopo a John Conduitt: «È un uomo avido e ingordo, ed essendo famoso la gente è felice di pagare tutto quello che vuole». Anche il rapporto con lo Smith non deve essere stato del tutto idilliaco, dato che almeno in un'occasione l'inglese ebbe a lamentarsi con un suo corrispondente della «impertinenza» del pittore. Ancor peggio si esprime il conte svedese Tessin che, dopo aver soggiornato a Venezia nel 1736, definisce Canaletto avaro, pieno di pretese e anche un poco imbroglione, mentre il francese De Brosses, nel 1739-1740, pone l'accento sulla sua ingordigia, concludendo amaramente che con lui non è possibile trattare. Certo era un personaggio di indole solitaria: non si sposò e non ebbe famiglia e neppure bottega. L'unico artista che gli rimase per qualche tempo vicino fu il nipote Bernardo Bellotto, figlio della sorella Fiorenza; ma anche in questo caso non deve essere stato un rapporto facile, tant'è che esiste il fondato sospetto che la decisione presa da Bernardo di lasciare Venezia, dapprima per una serie di viaggi che lo portarono a Roma e nell'Italia settentrionale tra il 1742 e il 1746 e poi per trasferirsi definitivamente nell'Europa settentrionale, sia da far risalire alla gelo-

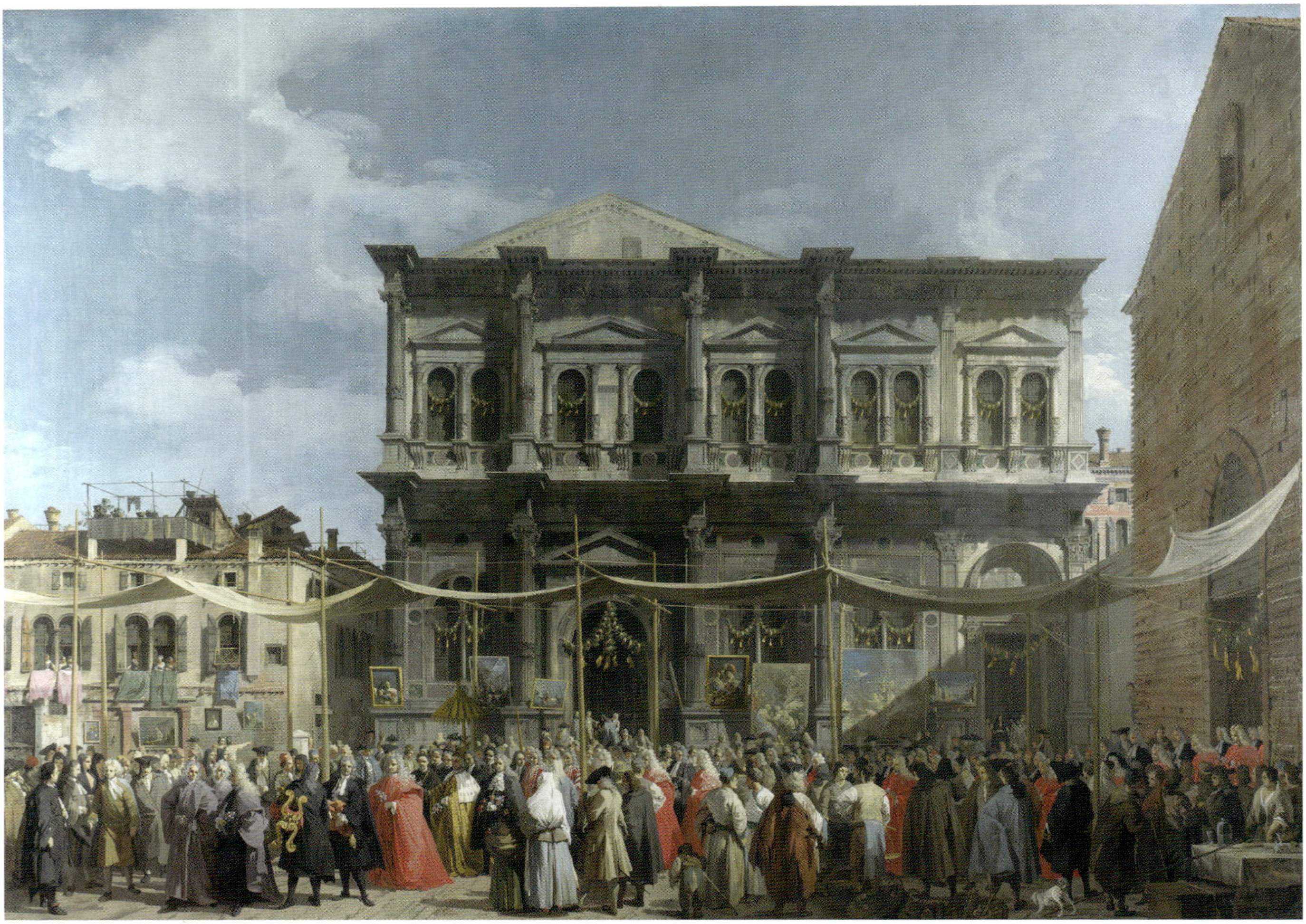

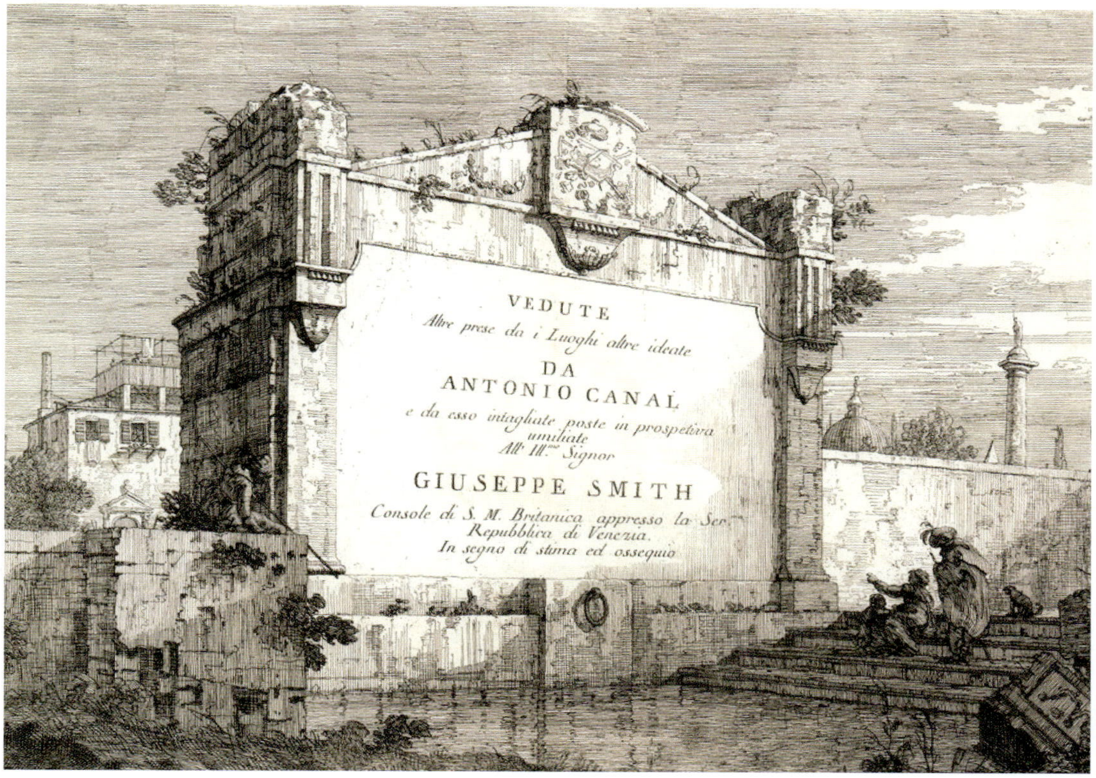

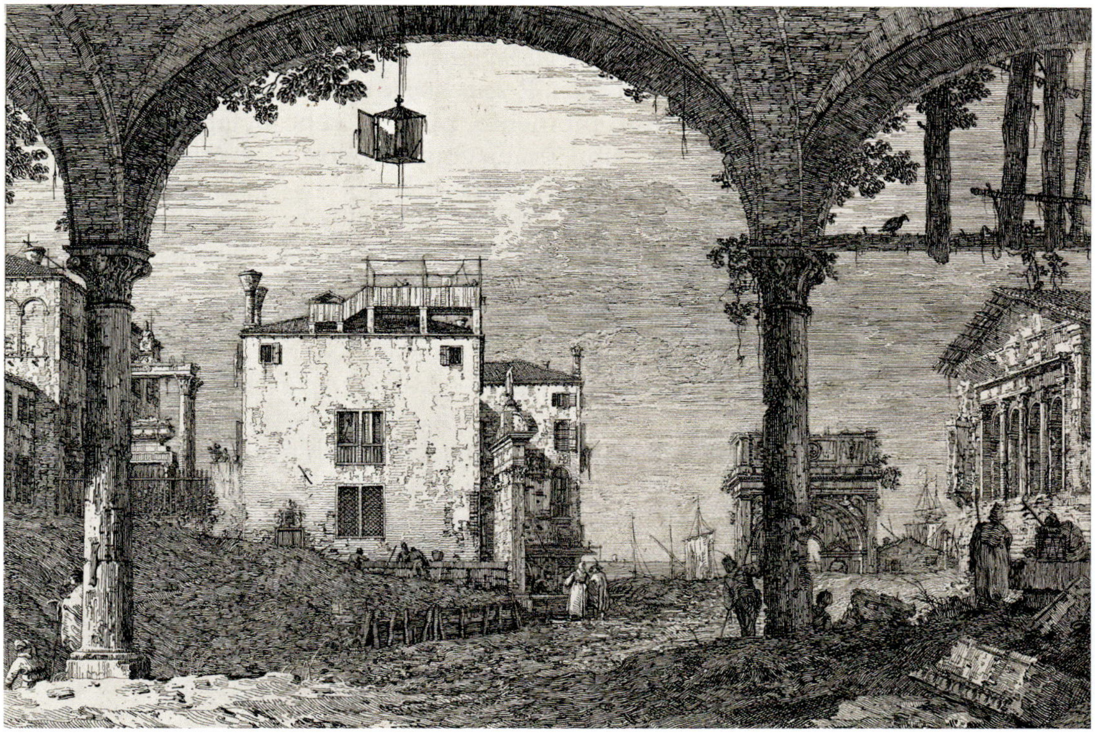

A destra, dall'alto:
Vedute, altre prese da i Luoghi, altre ideate da Antonio Canal ***(1741-1744), frontespizio; Londra, British Museum.***

Portico con lanterna ***(1740-1744), incisione; Adelaide, Art Gallery of South Australia.***

sia dello zio nei confronti dell'eccezionale bravura dimostrata dal nipote fin dalle sue prove d'esordio.

La splendida stagione canalettiana degli anni Trenta si conclude con numerosi altri capolavori, tra i quali giova ricordare almeno la veduta di *Riva degli Schiavoni dal bacino di San Marco* ora allo statunitense Toledo Museum of Art, databile al 1740. Il dipinto faceva parte del gruppo, successivamente disperso, di tredici vedute entrate a far parte, probabilmente in momenti diversi del Settecento, della collezione dei principi di Liechtenstein a Vienna, gruppo cui appartenevano anche le quattro tele giovanili di cui si è detto. La pittura di Toledo costituisce uno stupendo esempio dello stile maturo del Canaletto,

Arco di Costantino con il Colosseo *(1742-1745)*; *Los Angeles, Getty Center.*

Sulla scorta dei disegni del nipote Bernardo Bellotto, che nel 1742 aveva compiuto un viaggio a Roma, Canaletto celebra luoghi e monumenti dell'Urbe in una serie di vedute.

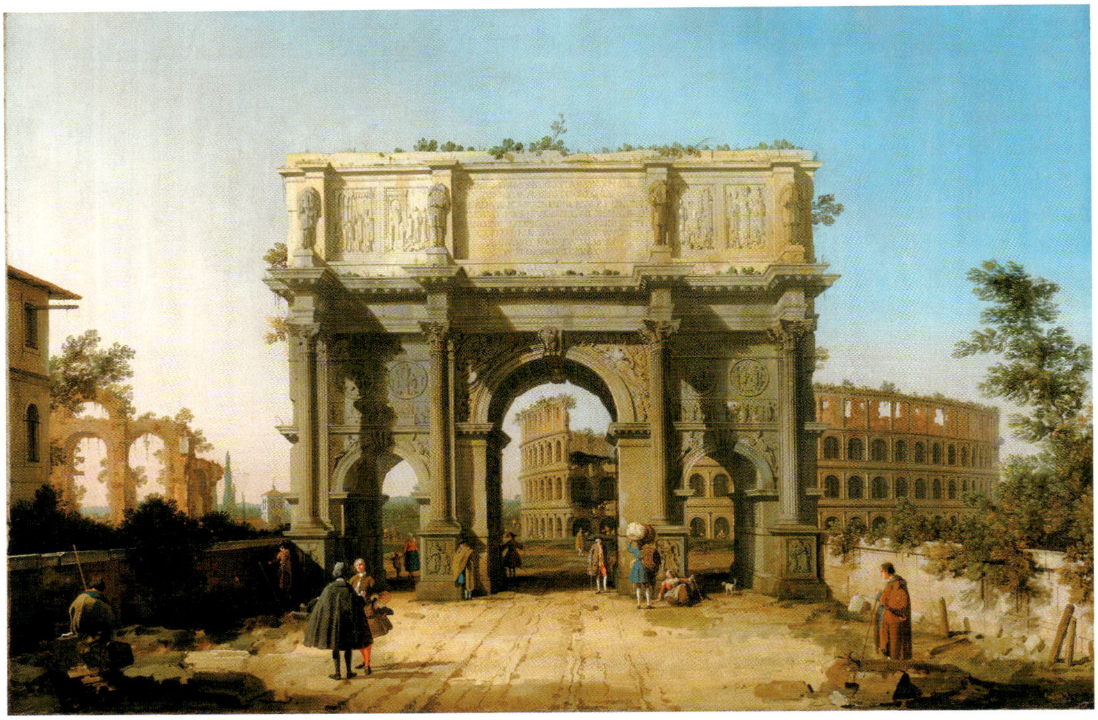

per la straordinaria brillantezza del colore e la superba nitidezza dell'immagine. Quasi allo stesso livello le vedute del *Molo verso la Zecca* e della *Riva degli Schiavoni verso est* di collezione privata a Roma, che preferirei datare a questo momento, piuttosto che agli inizi degli anni Trenta come proposto in passato.

All'aprirsi del quinto decennio la produzione canalettiana sembra attraversare un momento particolare: negli anni tra il 1741 e il 1744 egli incide le trentacinque acqueforti che, raccolte in un volume dal titolo *Vedute, altre prese da i Luoghi, altre ideate,* saranno pubblicate nell'anno stesso dell'agognata nomina di Joseph Smith a console inglese a Venezia e a lui dedicate «in segno di stima ed ossequio», come recita il frontespizio. Al 1742 risale una serie cospicua di vedute romane, la gran parte delle quali ora a Windsor Castle, derivate certamente dai disegni eseguiti dal nipote Bernardo Bellotto durante il suo soggiorno a Roma; agli anni immediatamente successivi risale la ripresa della produzione di capricci, già tipica della sua attività giovanile. Capricci devono essere considerati anche i tredici soprapporta (di cui solo undici sono giunti fino a noi) eseguiti per lo Smith tra il 1742 e il 1744, dove il pittore scompone e riassembla a suo piacimento la realtà veneziana: celebre, per esempio, il dipinto dove egli immagina, perfettamente inserito tra le rive del Carbon e del Vin, il ponte di Rialto ideato nel secondo Cinquecento da Andrea Palladio e allora rifiutato in favore di quello proposto da Antonio da Ponte. In altri di questi soprapporta il Canaletto incentra la sua attenzione sui luoghi marciani, scomponendone e ricomponendone le architetture a suo piacimento. Per esempio, colloca a terra davanti alla basilica di San Marco, su alti basamenti, i quattro cavalli bronzei che si trovano sull'ordine superiore della facciata; oppure immagina le aste degli stendardi sul molo, di fronte a Palazzo ducale. Altri soprapporta sono dedicati alla riproduzione di edifici veneziani progettati dal Palladio – le chiese del Redentore, di San Giorgio Maggiore e di San Francesco della Vigna e il convento della Carità – sradicati dal loro contesto urbano. Coevo è anche un altro dipinto di particolare interesse, oggi a Parma, dove il Canaletto accosta al ponte di Rialto, secondo il progetto palladiano, altri edifici creati dall'architetto cinquecentesco: le Logge vicentine e palazzo Chiericati, sempre a Vicenza. Questa tela, poi più volte replicata, fu commissionata da Francesco Algarotti; lo stesso committente, scrivendo nel 1759 a Prospero Pesci, la indicava come il manifesto di un «nuovo genere [...] di pittura, il quale consiste a pigliare un sito dal vero, e ornarlo di poi con belli edifici o tolti di qua o di là ovveramente ideali»: parole che sembrano riduttive rispetto alla reale portata del progetto che la critica recente ha evidenziato dietro a questo gruppo cospicuo di pitture.

In sintesi, questa serie di opere costituirebbe da un lato la visualizzazione del rinnovato interesse nei confronti del Palladio da parte del circolo di intellettuali facente capo allo Smith – tra essi il Poleni, il Milizia, il Lodoli e lo stesso Algarotti – con lo scopo di giungere a un rinnovamento dell'architettura forse funzionale anche a un rinnovamento urbano della stessa Venezia; dall'altro, nello smontaggio sistematico dei "simboli" dello Stato presenti nell'area marciana – il centro monumentale dove il mito di Venezia si incarna – sarebbe ravvisabile un intento dissacratorio nei confronti del mito stesso del buon governo che, agli occhi lungimiranti dello Smith e dei suoi amici, doveva apparire superato.

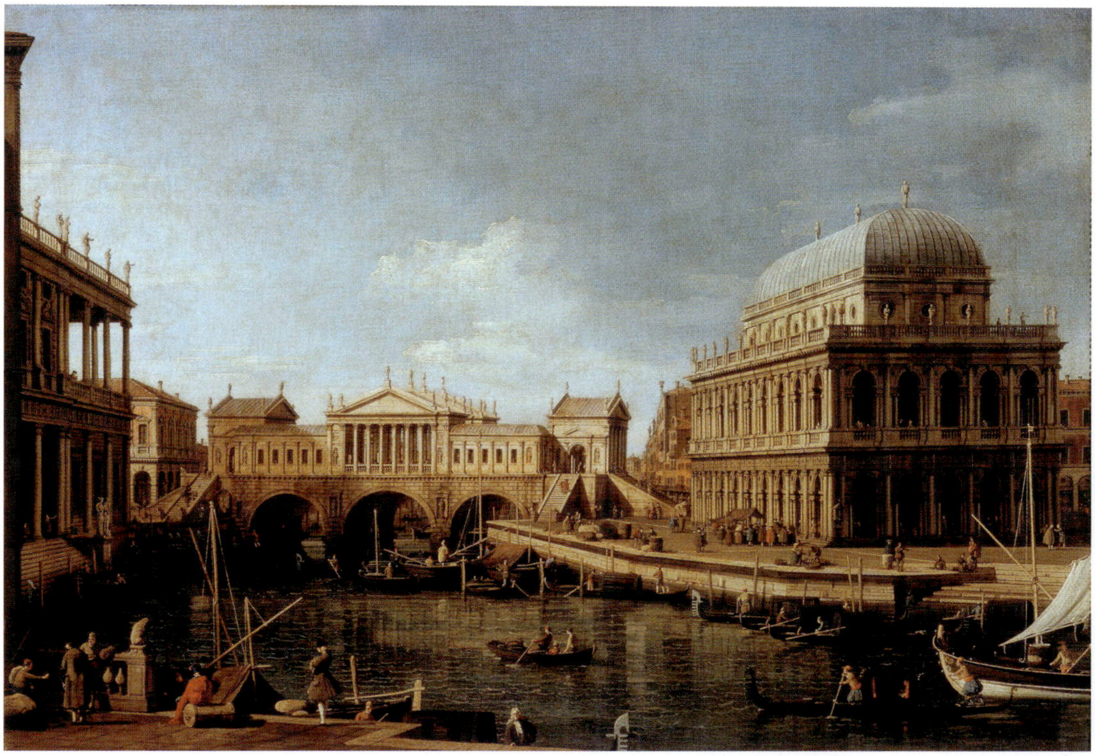

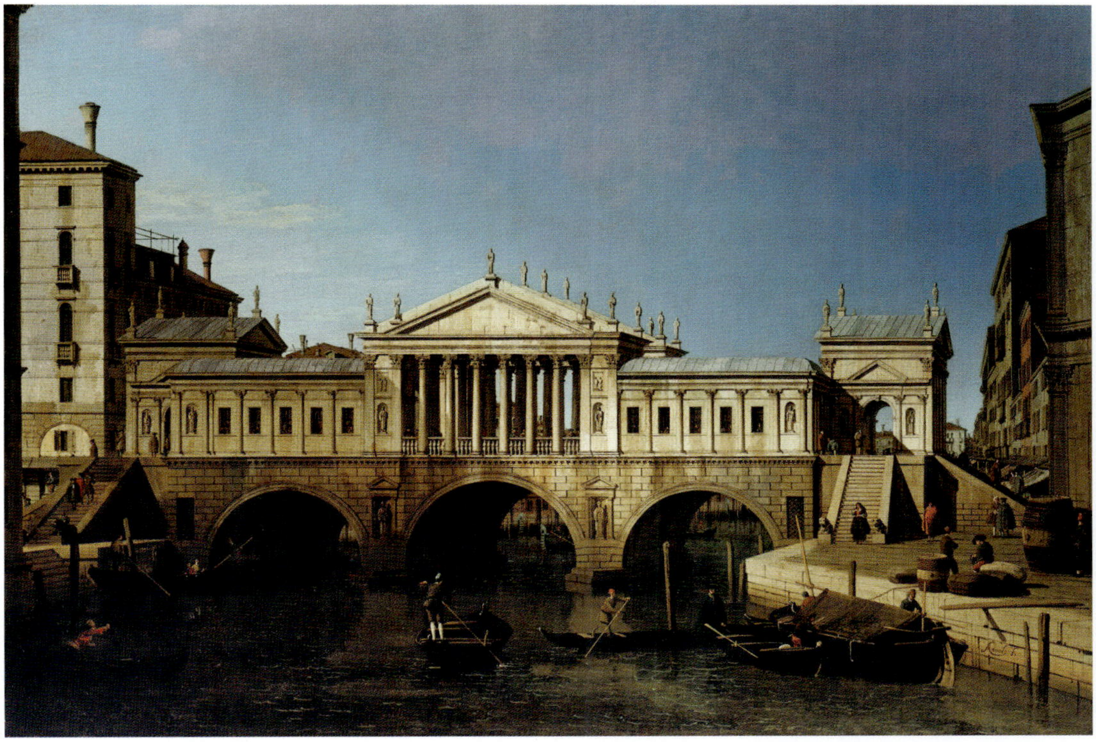

A destra, dall'alto:
Capriccio con progetto di ponte ed edifici palladiani ***(1742-1744); Parma, Galleria nazionale.***

Capriccio con progetto di ponte palladiano a Rialto ***(1742-1744); Windsor, Windsor Castle, Royal Collection.***

Canaletto raffigura un immaginario ponte di Rialto. Le linee dell'architettura ricordano quelle dei respinti progetti presentati nel 1554 e nel 1563 dall'architetto veneto Andrea Palladio al concorso indetto per il rifacimento del celeberrimo ponte veneziano – nel Cinquecento ancora in legno – il cui aspetto attuale si deve ad Antonio da Ponte che lo ricostruì tra il 1588 e il 1590.

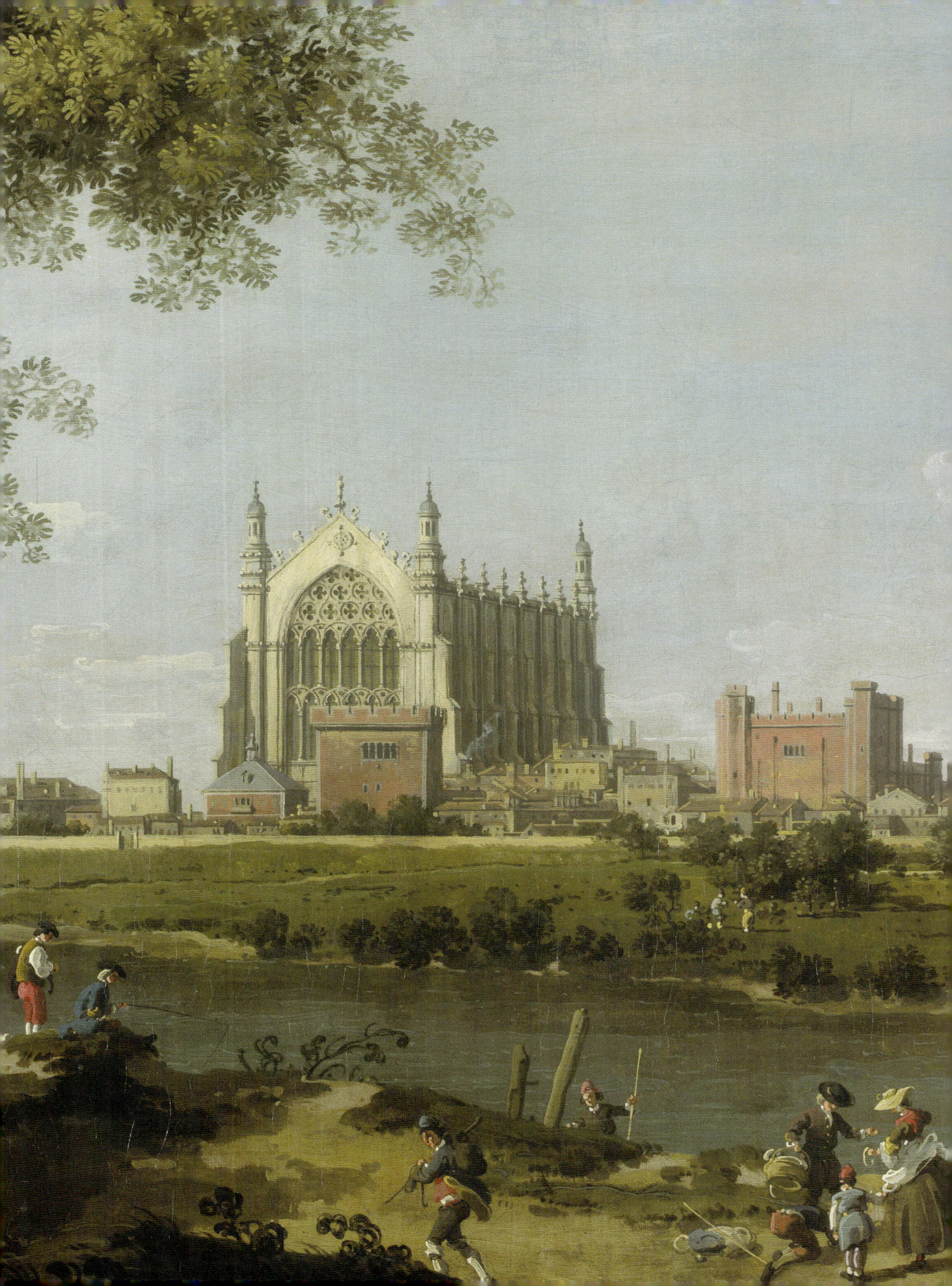

DALLA LAGUNA ALLE SPONDE DEL TAMIGI

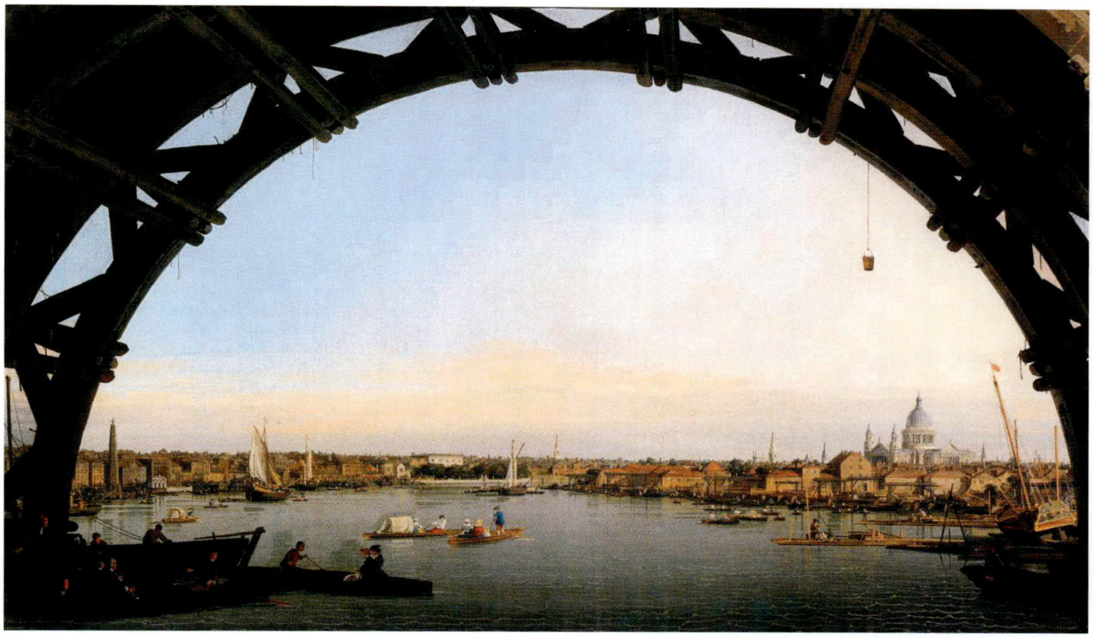

Veduta di Londra attraverso un'arcata del ponte di Westminster ***(1747).***

Nella pagina a fianco: **Eton College con la cappella** ***(1754 circa), particolare; Londra, National Gallery.***

Nella prima metà del quinto decennio del Settecento cominciano a farsi sentire anche a Venezia le conseguenze delle mutate condizioni politiche europee:

in particolare, a causa dell'imperversare della guerra di successione austriaca, si era venuto drasticamente a ridurre il flusso di turisti e ciò aveva comportato per il pittore una diminuzione, se non l'azzeramento, delle fruttuose committenze straniere. Deriva probabilmente da questa situazione la decisione di Canaletto di recarsi in Inghilterra, decisione cui d'altronde lo spingevano naturalmente i sempre strettissimi rapporti con lo Smith. A Londra Antonio giunge nel maggio del 1746, munito di una lettera di raccomandazione scritta dallo stesso Smith e indirizzata a Owen McSwiney, in cui il console pregava l'irlandese di mettere in contatto il pittore col duca di Richmond. Ma, poiché questi era assente, il Canaletto ebbe la fortuna di essere presentato a Sir Hugh Smithson, il futuro duca di Northumberland, che divenne il suo primo committente a Londra, oltre che suo protettore.

Malgrado tale altolocata protezione, il soggiorno londinese non deve essere stato per il pittore veneziano molto semplice, anche per i difficili rapporti con gli artisti locali. Questi infatti cercarono di screditarlo, diffondendo la voce che egli non fosse il vero Canaletto, quanto piuttosto suo nipote, quel Bernardo Bellotto che nel 1747 aveva a sua volta abbandonato Venezia. Canaletto reagì alla provocazione inserendo un annuncio sul "Daily Advertiser" del 1749 e del 1751, invitando gli amatori d'arte ad andarlo a veder dipingere nello studio a Silver Street (l'attuale Beak Street presso Regent Street, nel centro di Londra). Ma nonostante questa ostilità, Canaletto a Londra ebbe numerose commissioni e della sua permanenza in Inghilterra restano una cinquantina di grandi vedute, alcune delle quali di elevatissima qualità. Opere come

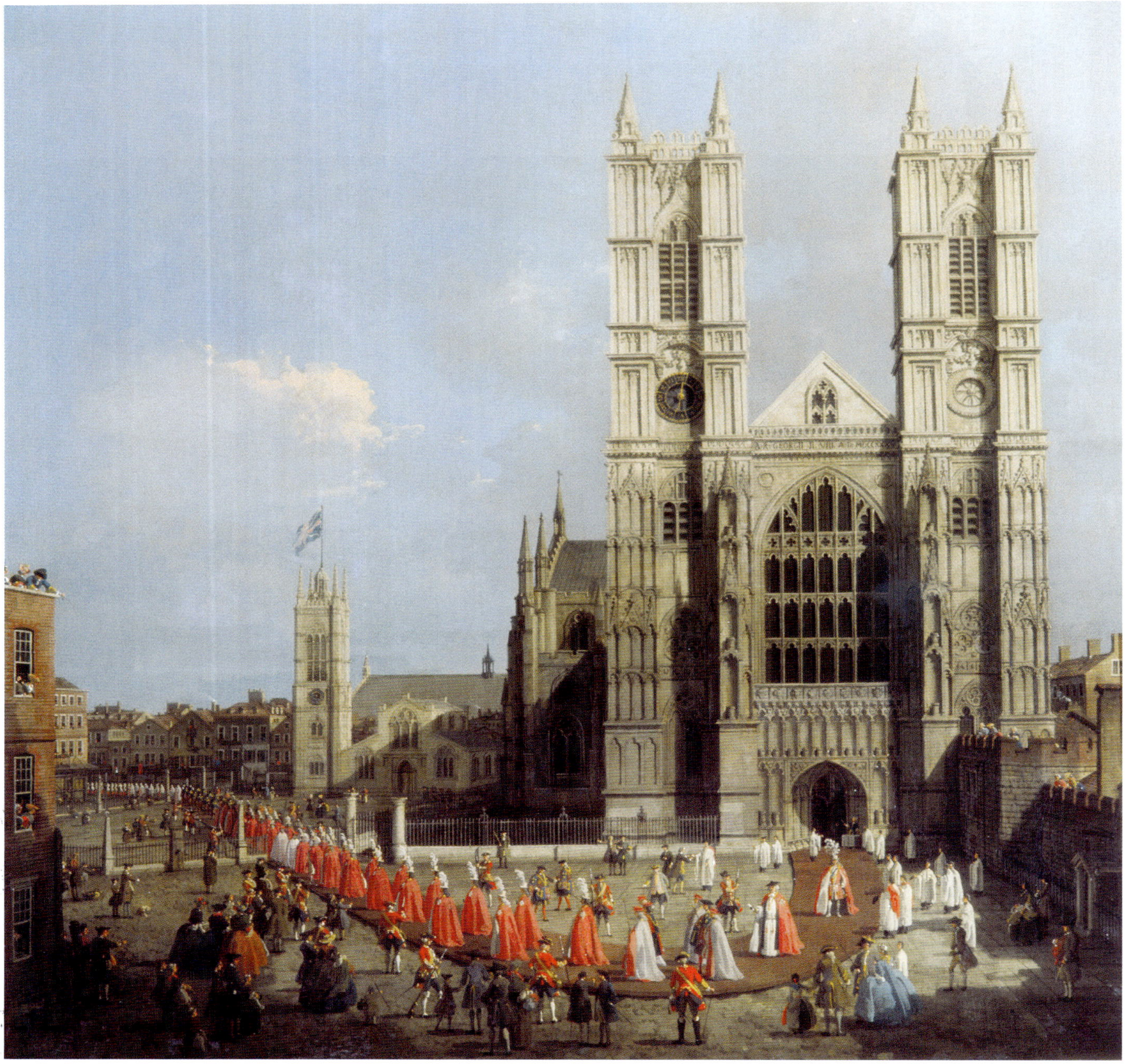

Processione dei cavalieri dell'ordine del Bagno *(1749);* *Londra, abbazia di Westminster.*

la *Veduta di Londra attraverso un'arcata del ponte di Westminster*, dipinto nel 1747 per il duca di Richmond, o le due vedute del Tamigi eseguite nello stesso momento per il principe Lobkowitz e ora conservate a Praga, o il ben noto *Walton Bridge* della Dulwich Picture Gallery, dipinto per Thomas Hollis nel 1754, ben poco hanno da invidiare alle luminose e vivacissime vedute veneziane. Particolare attenzione il Canaletto ripone nel ritrarre anche la vita quotidiana e, in tutti i suoi dipinti inglesi, molto precisa è la descrizione delle cerimonie (si veda per esempio la *Processione dei cavalieri dell'ordine del Bagno* del 1749, conservata nell'abbazia di Westminster), o anche solo degli usi e dei costumi degli abitanti. Di particolare effetto le grandi vedute dove appaiono le residenze delle più nobili famiglie, come quella con il castello di Windsor, proprietà dei sovrani inglesi, che fa parte della collezione del duca di Northumberland e risale al 1747, quelle di Badminton House di proprietà del duca di Beaufort, del 1748, o ancora le quattro con i prospetti del castello di Warwick, ora disperse in diverse collezioni ed eseguite tra il 1748 e il 1752.

Canaletto rimase in Inghilterra fino al 1755, interrompendo la sua permanenza una prima volta alla fine del 1750 per rientrare per otto mesi a Venezia, allo

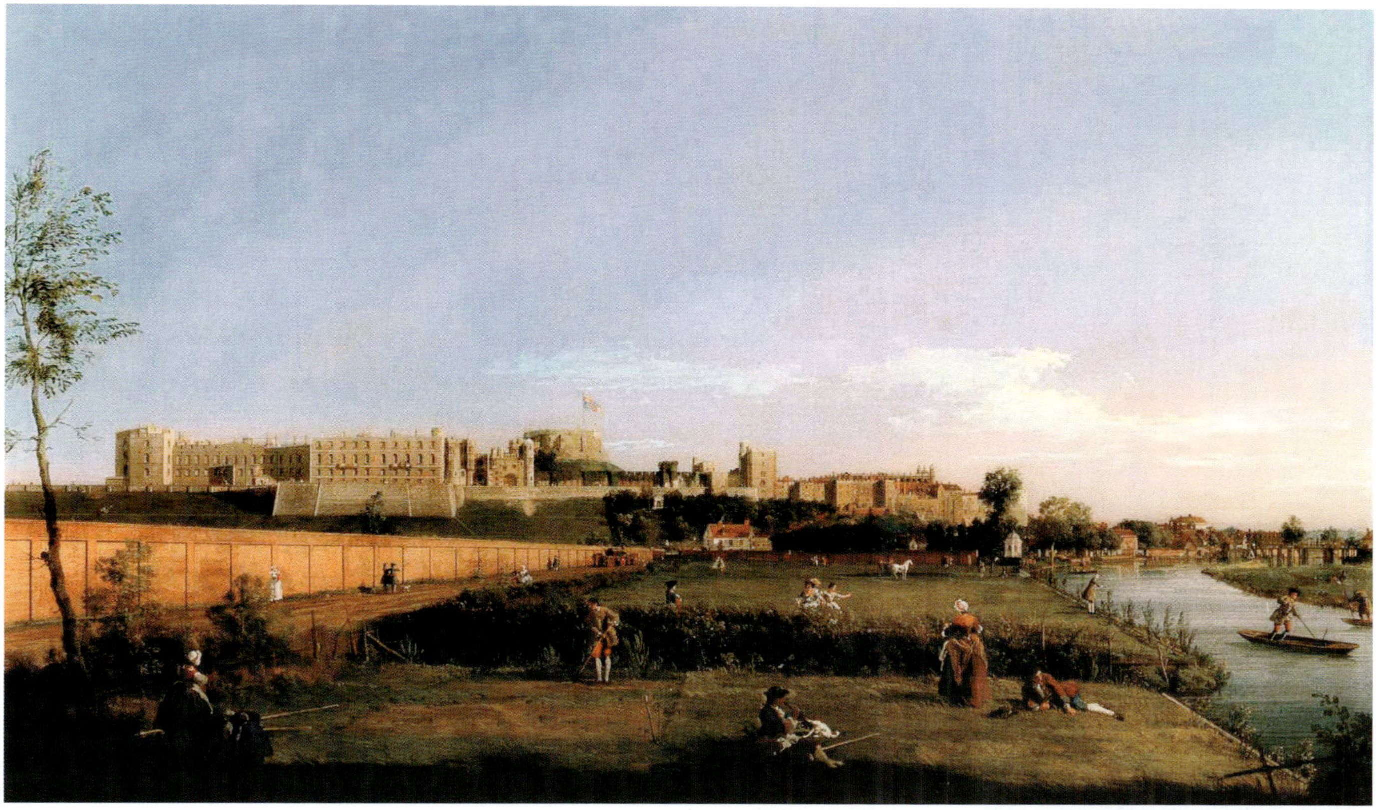

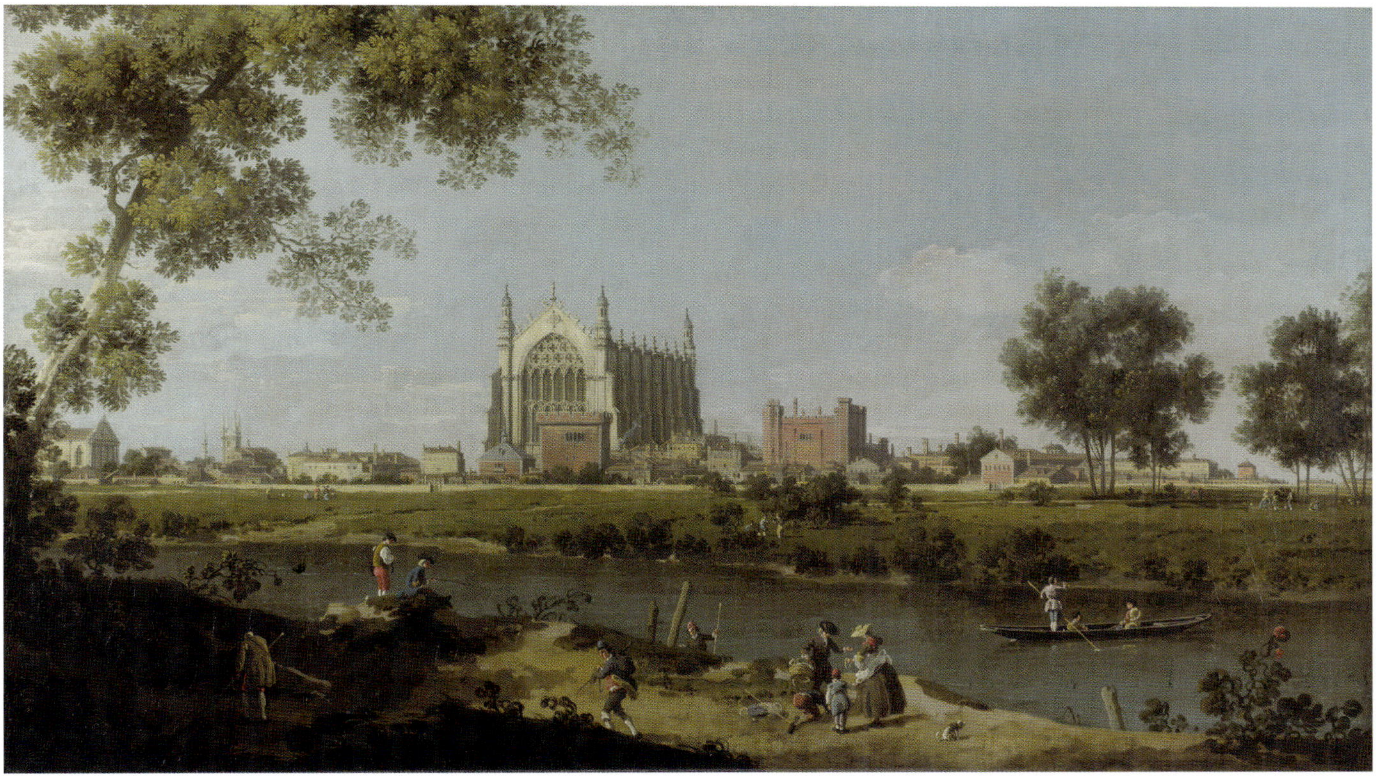

Dall'alto,
Windsor Castle
(1747).

Eton College
con la cappella
(1754 circa);
Londra,
National Gallery.

Tra il 1746 e il 1755
Canaletto lavorò
e visse a Londra dove
dipinse una serie
di straordinarie vedute.

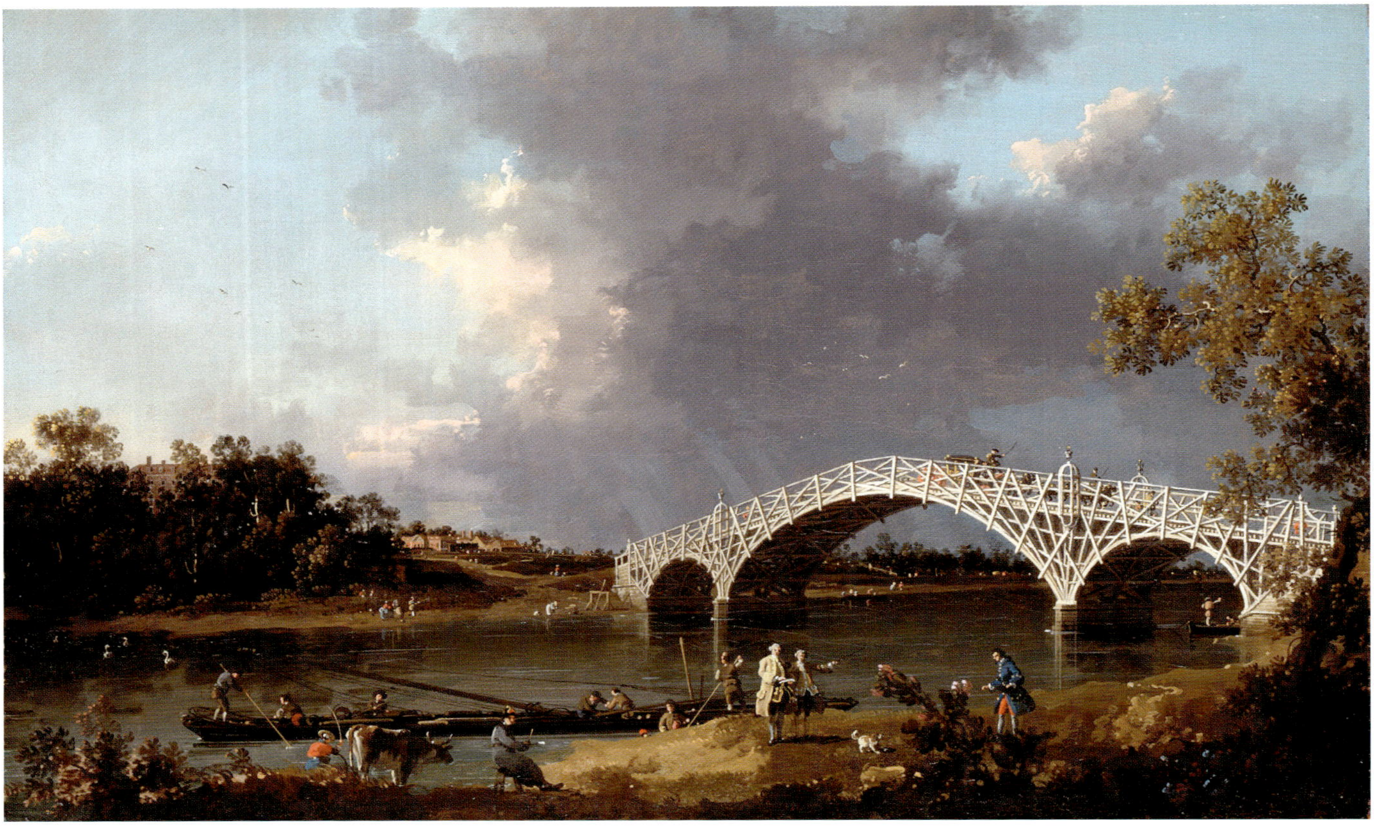

Walton Bridge ***(1754); Londra, Dulwich Picture Gallery.***

scopo di investire il denaro guadagnato a Londra. Un secondo viaggio a Venezia è documentato dall'autorità del nobiluomo Pietro Gradenigo che, alla data 28 luglio 1753, scrive nei suoi *Notatori*: «Antonio Canaletto Veneziano celebre Pittore da Vedute ritorna da Inghilterra in Patria». Questo secondo soggiorno nella città natale – che pare essere sfuggito ai biografi canalettiani – deve comunque essere stato più breve del precedente, dato che sono numerose le opere eseguite in Inghilterra dal Canaletto già nell'anno successivo.

Al ritorno definitivo in patria egli riprende la sua attività per i committenti stranieri che, migliorata la situazione politica europea, erano tornati in buon numero a visitare Venezia. Tuttavia la sua produzione riferibile all'ultimo decennio di vita raggiunge solo raramente i vertici di quella precedente: poche sono infatti le pitture di assoluta qualità, tra le quali conviene certo annoverare le due raffinatissime tele della National Gallery di Londra con le *Procuratie nuove al caffè Florian* e la *Piazza San Marco dal portico dell'Ascensione* – databili per i riscontri topografici che vi appaiono entro il 1760 – dove l'attenzione del pittore si incentra soprattutto sul gioco capriccioso delle luci.

La commissione più importante giunta a Canaletto in questi anni deve essere stata quella affidatagli da Sigismund Streit, un uomo d'affari tedesco, che aveva lavorato a lungo a Venezia e che si era stabilito nel 1750 a Padova. L'intenzione dello Streit, munifico benefattore del ginnasio berlinese Zum Grauen Kloster, cui donò, oltre a varie elargizioni in denaro, la sua quadreria composta prevalentemente di opere di artisti veneziani, era quella di ricordare ai frequentatori della scuola i luoghi in cui egli aveva vissuto e operato. Da questa volontà nascono le prime di una serie di quattro vedute: *Campo San Giacomo di Rialto* e il *Canal grande da Santa Sofia a Rialto*. L'una riproduce infatti l'ambiente dove lo Streit aveva svolto la sua attività professionale; l'altra mostra, a sinistra, appena dopo lo slargo del campo di Santa Sofia, il palazzetto dei Foscari dove lo Streit aveva abitato. La datazione di questi due dipinti a un momento successivo al 1758 è accertata dalla presenza, nella prima veduta, della nuova pavimentazione del campo di San Giacomo, messa in opera in quell'anno; il termine "ante quem" per la loro esecuzione è invece il 1763, quando risulta che lo Streit spedì a Berlino le opere canalettiane di sua proprietà.

Dall'alto,* Piazza San Marco dal portico dell'Ascensione *(entro il 1760); Londra, National Gallery.

Procuratie nuove al caffè Florian *(1760), particolare; Londra, National Gallery.*

Assieme a queste vedute, lo Streit deve aver commissionato al Canaletto anche una serie di rappresentazioni di feste popolari. Ma Antonio ne eseguì solo due, raffiguranti la *Vigilia della festa di San Pietro di Castello* e la *Vigilia della festa di Santa Marta*; non conosciamo le ragioni per le quali il committente, una volta giunto in possesso di queste tele, abbia poi rinunciato ad avvalersi dell'opera di Canaletto, preferendo affidare le altre pitture della serie al più giovane Antonio Diziani. Certo, però, è difficile credere che egli non fosse soddisfatto della qualità dei dipinti, che sono senz'altro da considerare tra i capolavori del periodo estremo del Canaletto, resi oltremodo fascinosi dal gioco delle luci notturne.

Nel 1765 il Canaletto, ammesso solo due anni prima all'Accademia di pittura e scultura in qualità di prospettico, fa dono a questa istituzione di un *Capriccio con colonnato*, ora conservato alle Gallerie dell'Accademia di Venezia. Quest'opera singolare – rappresenta l'atrio di un palazzo veneziano (con corte, scalone e ballatoio) che non esiste nella realtà e denuncia evidente la volontà da parte del Canaletto di offrire un saggio ben congegnato delle proprie capacità specifiche nel campo della pittura prospettica – ebbe notevolissimo successo e di essa si contano numerose repliche, alcune delle quali certamente autografe. La "pièce de reception" per l'Accademia ha, nell'impostazione della scena, singolari analogie con un'altra veduta coeva, questa volta derivata dal vero, raffigurante la *Scala dei giganti in Palazzo ducale*, ora in collezione privata a Città del Messico. Il suo pendant è invece conservato al Museum of Fine Arts di Montreal e raffigura l'*Interno della basilica di San Marco* sfolgorante nei suoi mosaici dorati.

Ancora un interno di San Marco – un tema questo assai caro al Canaletto, che lo ripeté più volte nella sua tarda attività – è raffigurato in un disegno a penna e acquerello conservato alla Kunsthalle di Amburgo che reca l'iscrizione: «Io Zuanne Antonio da Canal, hò fatto il presente disegnio, delli Musici che canta nella Chiesa Ducal di S. Marco in Venezia in ettà de Anni 68 senzza Ochiali, l'anno 1766». Certo l'affermazione della propria capacità di disegnare, a sessantotto anni d'età, senza l'ausilio degli occhiali fornisce un'ulteriore prova del carattere orgoglioso di Antonio; ma è altrettanto vero che il segno si è fatto un poco più greve, che la descrizione delle cose è fin troppo accurata, che le figure sono più statiche, avvolte entro rigidi contorni. Comunque sia, è questa una delle sue

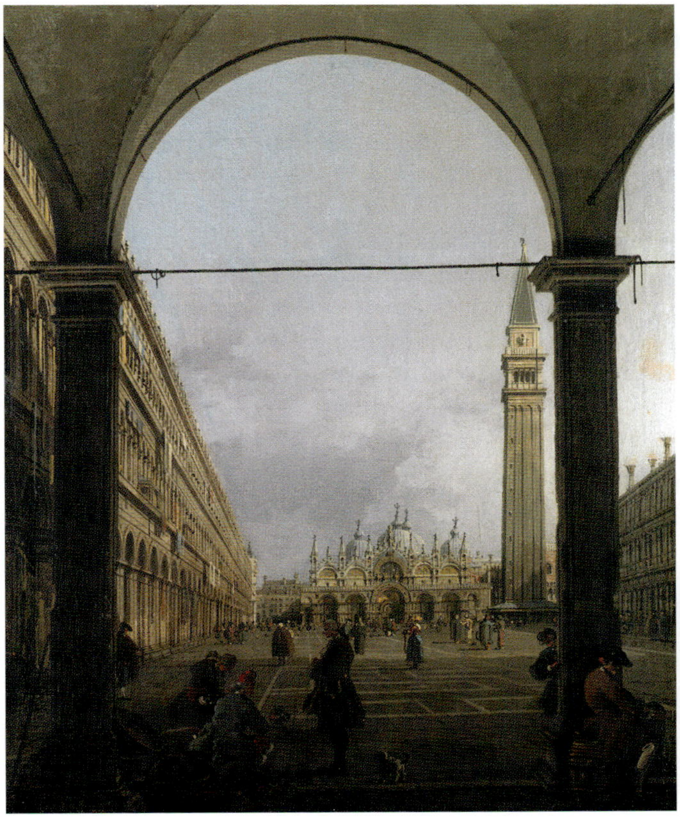

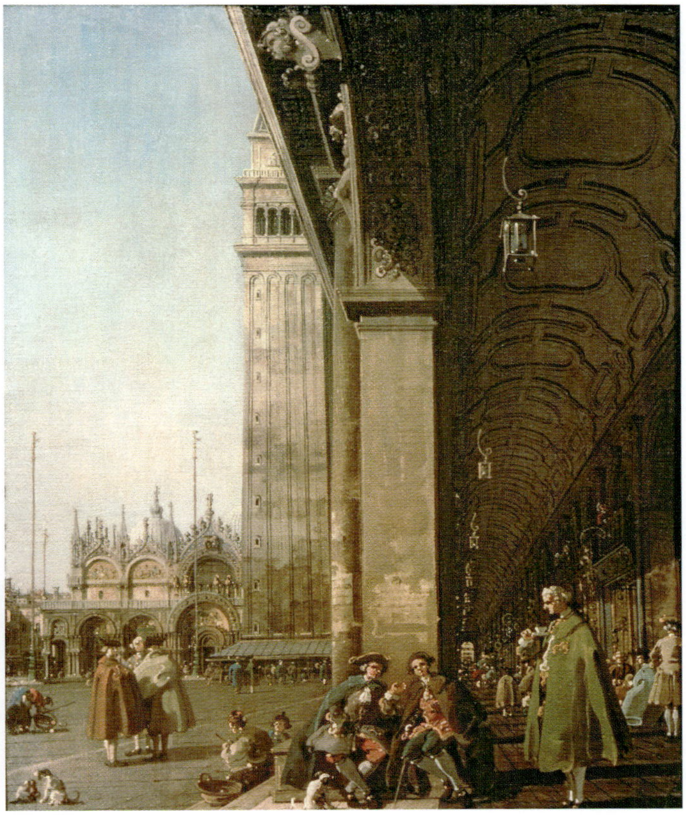

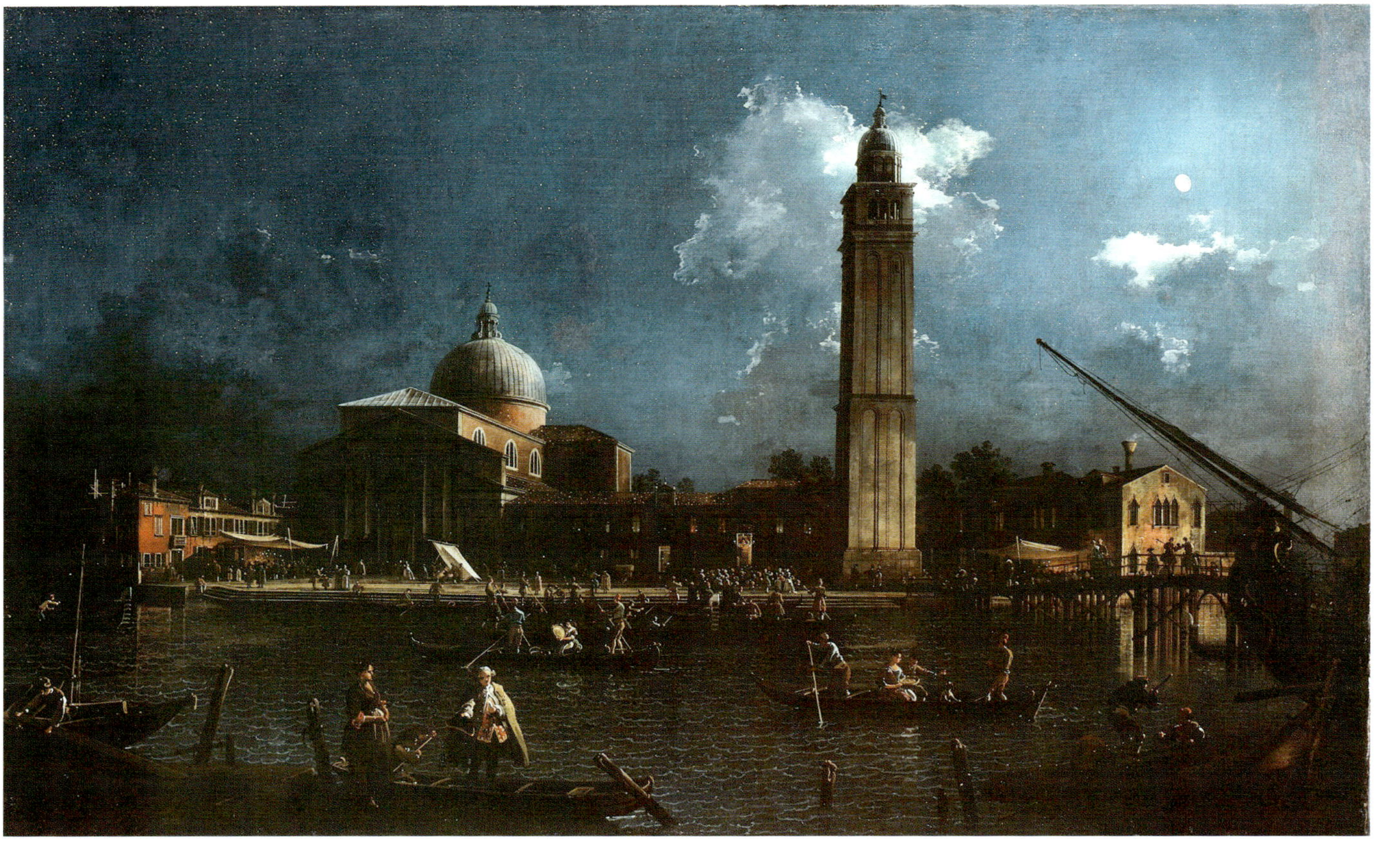

Qui sotto:
Interno di San Marco con cantori *(1766),* *disegno;* *Amburgo, Kunsthalle.*

Qui sopra:
Vigilia della festa di San Pietro di Castello *(dopo il 1758 e prima del 1763);* *Berlino, Staatliche Museen, Gemäldegalerie.*

Nella pagina a fianco:
Capriccio con colonnato *(1765);* *Venezia, Gallerie dell'Accademia.*

Nel 1766, due anni prima di morire, Canaletto eseguì a penna e acquerello un eccezionale disegno che ritrae l'interno della basilica di San Marco – luogo spesso raffigurato nelle opere tarde – all'altezza del transetto nord dove risuonano le voci di un movimentato gruppo di cantori. La scritta autografa in calce all'immagine la qualifica come l'opera orgogliosa di un artista fiero di un talento che gli garantisce sicurezza nel tratto «in età de Anni 68, senzza Ochiali».

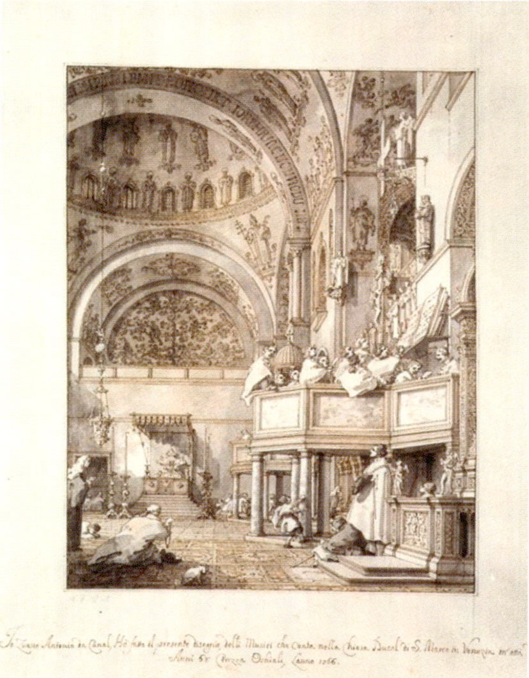

ultime immagini veneziane, forse addirittura l'ultima: infatti Antonio muore il 18 aprile del 1768 dopo «lungo compasionevole male» nella sua casa di corte Perina e viene sepolto – ma la tomba è andata perduta – nella vicina chiesa di San Lio.

Stranamente, l'inventario dei suoi beni mostra una situazione patrimoniale assai meno brillante di quanto ci si sarebbe aspettato, stando alla sua conclamata esosità e alla enorme quantità di dipinti eseguiti. In realtà, Canaletto al momento della morte possedeva soltanto duemilacentocinquanta ducati in deposito presso la Scuola dei Luganegheri, destinati a essere suddivisi tra le tre sorelle sopravvissutegli, trecento ducati in contanti, pochi mobili di nessuna qualità, qualche gioiello di scarso valore, ventotto dipinti rimasti nello studio e un modesto guardaroba composto perlopiù di abiti e mantelli vecchi e malandati.

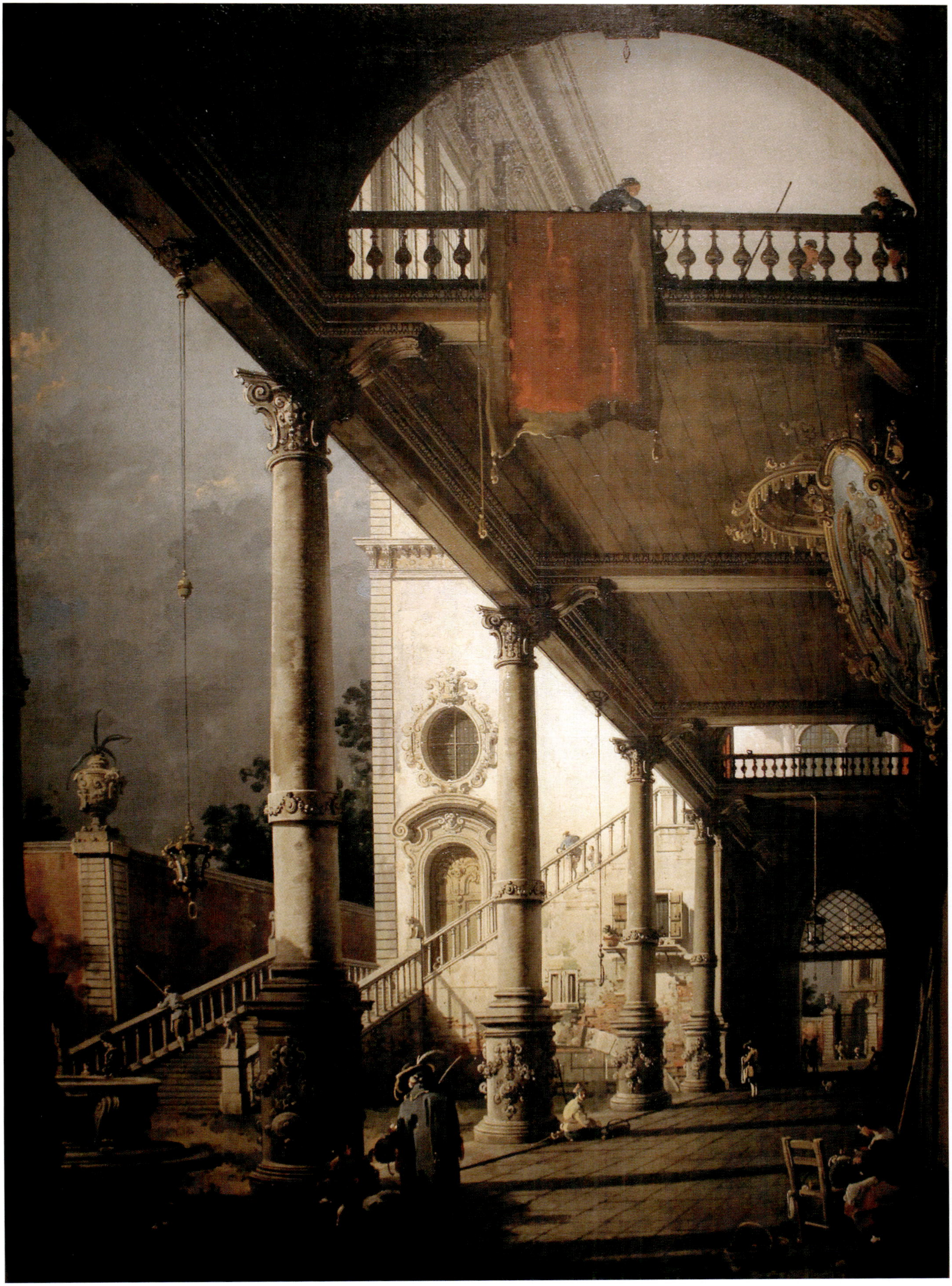

QUADRO CRONOLOGICO

AVVENIMENTI STORICI E ARTISTICI		VITA DI CANALETTO
Silvestro Valier è doge di Venezia.	**1697**	Giovanni Antonio Canal nasce a Venezia il 28 ottobre da Bernardo, scenografo, e Artemisia Barbieri.
Nasce a Venezia Pietro Longhi.	**1701**	
A Roma, dove rimane fino al 1708, Marco Ricci incontra Filippo Juvarra.	**1706**	
Marco Ricci è in Inghilterra dove rimane fino al 1711 lavorando come scenografo al King's Theatre di Haymarket a Londra. È con lui Giannantonio Pellegrini che tra quest'anno e il 1713 esegue gli affreschi di Kimbolton Castle.	**1708**	
I veneziani sconfiggono i turchi e liberano Corfù.	**1716**	Collabora col padre e col fratello maggiore Cristoforo alle scenografie di alcuni melodrammi per il teatro Sant'Angelo a Venezia.
Fondata la chiesa di San Lazzaro degli armeni.	**1717**	Lavora a Venezia col padre e col fratello per il teatro Sant'Angelo; successivamente i Canal si trasferiscono al teatro San Cassiano.
Il re di Spagna Filippo V, nell'intento di recuperare i domini italiani passati agli Asburgo, dichiara guerra all'imperatore Carlo VI. Giovanni II Corner è doge di Venezia. In quella città Marco Ricci sostituisce i Canal come scenografo al teatro Sant'Angelo.	**1718**	Altri allestimenti per il teatro San Cassiano.
La Francia dichiara guerra alla Spagna (guerra della Quadruplice alleanza. Robinson Crusoe di Daniel Defoe.	**1719**	Assieme al padre si trasferisce a Roma, chiamato ad allestire due opere di Alessandro Scarlatti al teatro Capranica.
Pace dell'Aia tra Filippo V e i suoi avversari, coalizzatisi nella Quadruplice alleanza (Austria, Inghilterra, Francia, Province Unite) alla quale si era unito Vittorio Amedeo II di Savoia. Gli Asburgo ottengono la Sicilia in cambio della Sardegna, ceduta a Vittorio Amedeo II. Rosalba Carriera è a Parigi: successo e contatti con i maggiori artisti francesi.	**1720**	Rientra a Venezia; il suo nome appare per la prima volta nella fraglia dei pittori locali.
Caterina I succede allo zar Pietro il Grande. Alvise III Mocenigo è doge di Venezia. In quella stessa città Giambattista Tiepolo lavora all'affresco di palazzo Sandi.	**1725**	A quest'anno e al successivo risale la corrispondenza Marchesini-Conti relativa alla commissione al Canaletto di quattro vedute.
Tra quest'anno e il 1729 Giambattista Tiepolo è impegnato nella decorazione del Patriarcato di Udine.	**1726**	È datata 8 marzo una lettera di Owen McSwiney al duca di Richmond relativa ai dipinti con tombe allegoriche. A tale anno risale probabilmente l'inizio della collaborazione con Joseph Smith.
A Venezia viene vietato di commerciare pane che non fosse stato prodotto in città.	**1727**	In novembre McSwiney invia al duca di Richmond due vedute su rame del Canaletto.
A Venezia, tra quest'anno e il 1733, Rosalba Carriera riceve da Parigi *Figures des différents caractères*, incisioni tratte da disegni perlopiù di Antoine Watteau.	**1728**	
A Venezia Francesco Guardi subentra al fratello Antonio come "pittore di casa" dei Giovanelli.	**1729**	È il termine "post quem" per le tele eseguite per il conte Giuseppe Bolagnos, ambasciatore imperiale presso la Repubblica di Venezia.
Muoiono a Venezia Marco Ricci e Luca Carlevarijs.	**1730**	Owen McSwiney scrive a John Conduit, lamentando l'esosità del Canaletto.
A Venezia muore il doge Alvise III Mocenigo; gli succede Carlo Ruzzini.	**1732**	
Viene pubblicato a Venezia da G. B. Albrizzi il *Newtonianismo per le dame* di Francesco Algarotti.	**1733**	È definito dallo Zanetti il miglior vedutista della città (*Descrizione di tutte le pubbliche pitture*).
Carlo di Borbone, vittorioso sugli Asburgo, conquista Napoli e la Sicilia. Muore a Venezia Sebastiano Ricci.	**1734**	Intorno a quest'anno dipinge *Regata in Canal grande* e *Ritorno del Bucintoro al molo il giorno dell'Ascensione* ora a Windsor Castle.
A Venezia muore il doge Carlo Ruzzini; gli succede Alvise Pisani.	**1735**	Prima edizione del *Prospectus Magni Canalis Venetiarum* con le quattordici incisioni di Antonio Visentini tratte da altrettante vedute del Canaletto.
Matrimonio di Maria Teresa d'Asburgo con Francesco Stefano di Lorena. Si trova a Venezia il conte Tessin.	**1736**	
Morte di Giangastone de' Medici, ultimo della sua casata. Gli succede Francesco Stefano di Lorena che diventa il nuovo granduca di Toscana.	**1737**	
Morte dell'imperatore Carlo VI e successione ai domini asburgici della figlia Maria Teresa: inizio della guerra di successione austriaca. A Venezia Antonio Visentini inizia il restauro in forme neopalladiane, terminato nel 1751, di palazzo Balbi Valmarana ai Santi Apostoli, residenza dell'uomo di affari inglese Joseph Smith. Giambattista Piazzetta data *L'indovina* e la *Pastorale*, oggi conservate rispettivamente a Venezia e a Chicago. Inizia la collaborazione tra Goldoni e il musicista Baldassarre Galuppi.	**1740**	Attorno a questa data compie un viaggio a Padova, lungo la riviera del Brenta, assieme al nipote Bernardo Bellotto.
A Venezia muore il doge Alvise Pisani al quale succede Pietro Grimani. Morte, nella stessa città, di Giannantonio Pellegrini. Pietro Longhi dipinge il *Concertino* delle veneziane Gallerie dell'Accademia. A Zurigo nasce Heinrich Füssli.	**1741**	Da quest'anno incide trentacinque acqueforti che poi saranno raccolte nel volume *Vedute, altre prese da i luoghi, altre ideate*.
Bernardo Bellotto è presente per alcuni mesi a Roma. È a Venezia Jean-Jacques Rousseau.	**1742**	Seconda edizione del *Prospectus Magni Canaliis Venetiarum*. Esegue tra quest'anno e il 1744 tredici soprapporta che gli vengono commissionati da Joseph Smith per la sua villa di Mogliano.
Joseph Smith ottiene il titolo di console inglese a Venezia. In quella stessa città muore Michele Marieschi. Pietro Longhi data il *Risveglio* oggi conservato a Windsor Castle.	**1744**	Muore il padre Bernardo. Viene pubblicata la silloge di incisioni dedicata al console Smith dal titolo *Vedute, altre prese da i luoghi, altre ideate*, cui Antonio lavorava dal 1741.

AVVENIMENTI STORICI E ARTISTICI		VITA DI CANALETTO
Ferdinando VI diventa re di Spagna. Nasce a Fuendetodos (Saragozza) Francisco Goya. Antonio Visentini e Francesco Zuccarelli dipingono per Joseph Smith una serie di undici sopraporta con temi inglesi in stile neopalladiano. Rosalba Carriera, ormai cieca, cessa la propria attività. Giambattista Tiepolo inizia a lavorare alla decorazione del salone di palazzo Labia a Venezia. Pietro Longhi dipinge la *Visita a una dama* del Metropolitan Museum di New York	**1746**	In maggio giunge a Londra. L'arrivo è ricordato dall'antiquario G. Vertue.
Bernardo Bellotto abbandona definitivamente Venezia. La stessa cosa fa Jacopo Amigoni che si stabilisce a Madrid.	**1747**	Prime commissioni da Sir Hugh Smithson. Dipinge la *Veduta di Londra attraverso un'arcata del ponte di Westminster* per il duca di Richmond.
La pace di Aquisgrana mette fine alla guerra di successione austriaca: Francesco Stefano di Lorena e Maria Teresa d'Asburgo sono riconosciuti imperatori. In Italia, i ducati di Parma e Piacenza passano a Filippo di Borbone. Nasce a Parigi Jacques-Louis David. Montesquieu pubblica *Lo spirito delle leggi*. Ritorna a Venezia da Pisa Carlo Goldoni che si dedica all'attività di scrittore di commedie per il teatro Sant'Angelo.	**1748**	In questo e nell'anno successivo riceve alcuni pagamenti da Lord Brooke.
A Venezia l'architetto Giorgio Massari inizia a costruire palazzo Grassi, uno dei massimi esempi di architettura tardobarocca della città. Nasce a Francoforte Wolfgang Goethe.	**1749**	Fa pubblicare un inserto pubblicitario sul "Daily Advertiser" in cui invita gli amatori d'arte londinesi a recarsi presso lo studio di Silver Street per una verifica delle sue capacità di pittore contro quanti hanno tentato di screditarlo. *Processione dei cavalieri dell'ordine del Bagno*, dipinto conservato nella abbazia di Westminster.
Giambattista Tiepolo lavora agli affreschi della reggia di Würzburg, dove si trattiene fino al 1753. A Venezia viene fondata l'Accademia di pittura e scultura, con sede nel Fonteghetto della farina; sarà operativa solo a partire dal 1755. Carlo Goldoni scrive il *Teatro comico*, manifesto della sua riforma teatrale, e mette in scena sedici nuove commedie per la successiva stagione del Sant Angelo di Venezia. In Inghilterra si afferma lo stile Chippendale.	**1750**	Rientra a Venezia per otto mesi. Nell'agosto del 1751 è certamente già tornato a Londra.
È pubblicato in Francia il primo volume dell'*Encyclopédie* per iniziativa di Diderot e D'Alembert.	**1751**	Secondo annuncio pubblicitario sul "Daily Advertiser".
Muore a Venezia il doge Pietro Grimani; gli succede Francesco Loredan.	**1752**	
Carlo Goldoni stipula un contratto con il teatro veneziano di San Luca.	**1753**	Il 28 luglio ritorna temporaneamente a Venezia per la seconda volta.
Muore a Venezia Giambattista Piazzetta.	**1754**	Data del dipinto con *Walton Bridge* per Thomas Hollis.
Giambattista Tiepolo è eletto primo presidente dell'Accademia veneziana di pittura e scultura.	**1755**	Torna definitivamente a Venezia e non la lascerà più.
Scoppia la guerra dei Sette anni: Austria, Francia e Russia combattono contro Prussia e Inghilterra. Pietro Longhi data *L'indovina* della National Gallery di Londra. Nasce a Salisburgo Wolfgang Amadeus Mozart.	**1756**	
Muore a Venezia Rosalba Carriera. Nascono Antonio Canova, a Possagno (Treviso), e William Blake a Londra.	**1757**	
Viene eletto papa il veneziano Carlo Rezzonico col nome di Clemente XIII.	**1758**	
Marco Foscarini diventa doge di Venezia.	**1762**	
Con la pace di Parigi e quella di Hubertsburg finisce la guerra dei Sette anni vinta da Prussia e Inghilterra. A Venezia il doge Alvise IV Mocenigo succede a Marco Foscarini. Voltaire scrive il *Trattato sulla tolleranza*.	**1763**	Entra a far parte dell'Accademia veneziana di pittura e scultura come "prospettico". Entro quest'anno dipinge due dei suoi rari notturni, la *Vigilia della festa di San Pietro di Castello* e la *Vigilia della festa di Santa Marta*.
A Venezia Francesco Guardi, «buon Scolaro del rinomato Canaletto», secondo il Gradenigo, espone due vedute a San Marco.	**1764**	
Morte di Francesco Stefano di Lorena: Maria Teresa associa il primogenito Giuseppe II nel governo dell'impero. Muore a Napoli Corrado Giaquinto.	**1765**	Dona all'Accademia veneziana di pittura e scultura il *Capriccio con colonnato*, la sua "pièce de réception".
Espulsione dei gesuiti dalla Francia e dalla Spagna.	**1767**	Il 23 agosto si registra la sua ultima presenza alle riunioni dell'Accademia veneziana.
È assassinato a Trieste lo storico dell'arte tedesco Johann Joachim Winckelmann. Josiah Wedgwood dà avvio in Inghilterra alla sua produzione industriale di ceramiche.	**1768**	Il 18 aprile, dopo lunga malattia, muore a Venezia nella sua casa in corte Perina e viene sepolto nella vicina chiesa di San Lio.

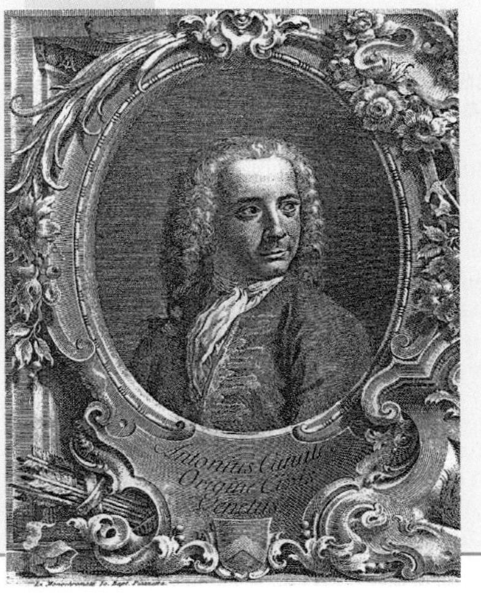

Antonio Visentini,* Ritratto di Giovanni Antonio Canal, *incisione su disegno di Giovan Battista Piazzetta, in* Prospectus Magni Canalis Venetiarum *(1735).

Fonti: A. M. Zanetti, *Descrizione di tutte le pubbliche pitture della città di Venezia e isole circomvicine...* Venezia 1733; P. A. Orlandi, *Abecedario Pittorico*, Venezia 1753; A. M. Zanetti, *Della pittura veneziana e delle opere pubbliche de' veneziani maestri*, Venezia 1771; L. Lanzi, *Storia Pittorica della Italia*, 2 voll., Bassano 1795-1796; G. A. Moschini, *Della letteratura veneziana*, Venezia 1806; G. Bottari e S. Ticozzi, *Raccolta di lettere*, Milano 1822; L. Lanzi, *Storia pittorica della Italia*, 4 voll., Firenze 1806-1808; P. Gradenigo, *Notizie d'Arte tratte dai Notatori e dagli Annali*, a cura di L. Livan, Venezia 1942.

Saggi e monografie: F. J. B. Watson, *Canaletto,* Londra-New York 1949; A. Blunt, E. Croft Murray, *Venetian Drawings of the XVII and XVIII Centuries in the Collection of Her Majesty the Queen at Windsor Castle*, Londra 1957; A. Pallucchini, *Canaletto,* Milano 1958; T. Pignatti, *Il quaderno dei disegni del Canaletto alle Gallerie di Venezia,* Venezia 1958; E. Povoledo, voce *Canal* in *Enciclopedia dello Spettacolo,* Roma 1958; D. Gioseffi, *Canaletto. Il quaderno delle Gallerie veneziane e l'impiego delta camera ottica,* Trieste 1959; C. Brandi, *Canaletto,* Milano 1960; R. Pallucchini, *La pittura veneziana del Settecento,* Venezia-Roma 1960; W. G. Constable, *Canaletto,* Oxford 1962; M. Levey, *Canaletto. Paintings in the Collection of Her Majesty the Queen,* Londra 1964; G. Briganti, *Caspar van Wittel e l'origine della veduta settecentesca,* Roma 1966; G. M. Pilo, *Canaletto,* Roma 1966; L. Puppi, *L'opera completa del Canaletto,* Milano 1968; M. Levey, *The Eighteenth Century Italian Schools* (1956), II ed., Londra 1971; F. Vivian, *Il console Smith mercante e collezionista,* Vicenza 1971; R. Pallucchini, *Per gli esordi del Canaletto,* in "Arte Veneta", XXVII, 1973 (1974), pp. 155-188; A. Corboz, *Sur la pretendue objectivité de Canaletto,* in "Arte Veneta", XXVIII, 1974, pp. 205-218; W. G. Constable, J. G. Links, *Canaletto,* Oxford 1976; T. Pignatti, *Canaletto,* Firenze 1976; W. L. Barcham, *The Imaginary View Scenes of Antonio Canaletto,* New York-Londra 1977; J. G. Links, *Canaletto and his Patrons,* Londra 1977; T. Pignatti, *Canaletto,* Bologna 1979; F. Haskell, *Patrons and Painters* (1963), II ed., New Haven-Londra 1980; J. G. Links, *Canaletto,* Milano 1981; id., *Canaletto,* Ithaca (N. Y.) 1982; A. Corboz, *Canaletto. Una Venezia immaginaria*, Venezia-Milano 1985; W. G. Constable, *Canaletto. Giovanni Antonio Canal 1697-1768* (1962), II, ed., 2 voll., Oxford 1989; R. Bromberg, *Canaletto's Etchings* (1974), II ed., San Francisco 1993; N. Ross, *Canaletto,* Londra 1993; J. G. Links, *Canaletto,* Londra 1994; F. Pedrocco, *Canaletto e i vedutisti veneziani,* Firenze 1995; G. Nepi Scirè, *Il Quaderno di Canaletto*, Venezia 1997; F. Montecuccoli degli Erri, *Canaletto incisore* ("Studi di arte veneta", 2), Venezia 2001; T. Pignatti, *Canaletto*, Firenze 2001; M. Clayton, *Canaletto in Venice*, Londra 2005; O. Uzanne, *Canaletto*, New York 2008; F. Bustreo, *Canaletto*, con catalogo di M. Magistri, Milano-Firenze 2012.

Cataloghi di mostre:, *Canaletto*, (Toronto, Art Gallery of Toronto, 17 ottobre - 15 novembre; Ottawa, National Gallery of Canada, 4 dicembre 1964 - 10 gennaio 1965; Montreal, Musée des beaux-arts, 29 gennaio - febbraio 1965), a cura di W. G. Constable, [Toronto] 1964; P. Zampetti, *I vedutisti veneziani del Settecento*, (Venezia, Palazzo ducale, 10 giugno - 15 ottobre 1967), a cura di P. Zampetti, Venezia 1967; *Canaletto. Paintings and Drawings*, (Londra, Buckingham Palace, The Queen's Gallery), a cura di O. Millar e C. Millar, Londra 1980; *Canaletto. Disegni, dipinti, incisioni*, (Venezia, Fondazione Cini), a cura di A. Bettagno, Venezia 1982; *Le Venezie possibili. Da Palladio a Le Corbusier*, (Venezia, Museo Correr, maggio-luglio 1985), a cura di L. Puppi e G. Romanelli, Milano 1985; *Canaletto & Visentini. Venezia & Londra*, (Venezia, Museo d'arte moderna Ca' Pesaro, 18 ottobre 1986 - 6 gennaio 1987), a cura di D. Succi, Venezia 1986; *Vedute italiane del '700 in collezioni private italiane*, (Venezia, Museo diocesano d'arte sacra, 19 settembre - 8 novembre 1987), a cura di M. Magnifico e M. Utili, Venezia 1987; *Canaletto*, (New York, Metropolitan Museum of Art, 30 ottobre 1989 - 21 gennaio 1990), a cura di K. Baetjer e J. G. Links, New York 1989; *Canaletto & England*, (Birmingham, Birmingham Gas Hall Exhibition Gallery, 14 ottobre 1993 - 9 gennaio 1994), a cura di M. Liversidge e J. Farrington, Londra 1994; *The Glory of Venice*, (Londra, Royal Academy of Arts, 15 settembre - 14 dicembre 1994; Washington, National Gallery of Art, 29 gennaio - 23 aprile 1995), a cura di J. Martineau e A. Robison, Londra 1994; *Canaletto prima maniera*, (Venezia, Fondazione Cini, 18 marzo - 10 giugno 2001), a cura di A. Bettagno e B. A. Kowalczyk, Cinisello Balsamo (Milano) 2005; *Canaletto. Il trionfo della veduta*, (Roma, palazzo Giustiniani, 12 marzo - 19 giugno 2005), a cura di B. A. Kowalczyk, Cinisello Balsamo (Milano) 2005; *Canaletto in England. A Venetian Artist Abroad, 1746-1755*, (New Haven, Yale Center for British Art, 19 ottobre - 31 dicembre 2006; Londra, Dulwich Picture Gallery, 24 gennaio - 15 aprile 2007), a cura di Ch. Beddington, New Haven 2006; *Canaletto. Venezia e i suoi splendori*, (Treviso, Casa dei Carraresi, 23 ottobre 2008 - 5 aprile 2009), a cura di G. Pavanello e A. Craievich, Venezia 2008; *Uno sguardo su Venezia. Canaletto a Miramare*, (Trieste, Castello di Miramare, 18 aprile - 2 agosto 2009), Cinisello Balsamo 2009; *Canaletto e i vedutisti. L'incanto dell'acqua*, (Orta San Giulio, palazzo Penotti Ubertini, 21 maggio - 18 settembre 2011), a cura di L. Tonani, Cinisello Balsamo (Milano) 2011; *Venice: Canaletto and his Rivals*, (Londra, National Gallery, 13 ottobre 2010 - 16 gennaio 2011; Washington, National Gallery, 20 febbraio - 30 maggio 2011), a cura di Ch. Beddington con A. Bradley, Londra 2010; *Canaletto. Il quaderno veneziano*, (Venezia, Museo di palazzo Grimani, 1 aprile - 1 luglio 2012), a cura di A. Perissa Torrini, Venezia 2012; *Canaletto à Venise* (Parigi, Musée Maillol, 19 settembre 2012 - 10 febbraio 2013), a cura di A. Scarpa, Parigi 2012; *Celebrating Britain: Canaletto, Hogarth and Patriotism*, in occasione della mostra "Canaletto: Celebrating Britain" (Warwickshire, Compton Verney, 14 marzo - 7 giugno 2015; Bath, Holburne Museum, 27 giugno - 4 ottobre 2015; Kendal, Abbot Hall Art Gallery, 22 ottobre 2015 - 13 febbraio 2016), a cura di S. Parissien, Londra 2015; *Lo splendore di Venezia. Canaletto, Bellotto, Guardi e i vedutisti dell'Ottocento*, (Brescia, palazzo Martinengo, 23 gennaio - 12 giugno 2016), a cura di D. Dotti, Cinisello Balsamo (Milano) 2016; *Canaletto & the Art of Venice* (Londra, Buckingham Palace, The Queen's Gallery, 19 maggio 2017 - 12 novembre 2017), a cura di R. Razzall e L. Whitaker, Londra 2017.

REFERENZE FOTOGRAFICHE

Tutte le immagini appartengono all'Archivio Giunti a eccezione di: pp. 2, 26, 28, 29 (©2018. Foto Scala, Firenze); pp. 3, 33a (©2018 Foto Scala, Firenze - su concessione del Ministero Beni e Att. Culturali); pp. 4, 11 (Archivi Alinari, Firenze); p. 6 (National Gallery of Art Washington); pp. 9, 23 (©Erich Lessing/Contrasto); pp. 12, 17, 24a, 45b (©Bridgeman Images); pp. 25b, 39 (The Royal Collection © Her Majesty Queen Elizabeth II); p. 39 (Fine Art Images/Archivi Alinari, Firenze); p. 42 (2012 UniversalImagesGroup); p. 45a (© The National Gallery, London); p. 46a (©2018. BPK, Berlin/Foto Scala, Firenze).

L'editore si dichiara disponibile a regolare le spettanze per quelle immagini di cui non sia stato possibile reperire la fonte.

Art e Dossier
Inserto redazionale
allegato al n. 102
Giugno 1995
Direttore responsabile
Claudio Pescio

Pubblicazione periodica
Reg. Cancell. Trib.
Firenze n. 3384
del 22.11.1985
Iva assolta dall'editore
a norma dell'articolo
74 lett. c - DPR 633
del 26.10.72

www.giunti.it
www.artedossier.

Prima edizione:
Giugno 1995
Seconda edizione:
Febbraio 2018

MISTO
Carta da fonti gestite in maniera responsabile
FSC® C016466

Printed in Italy
Stampa presso
Lito Terrazzi srl
Stabilimento di Iolo